AF204164

Arbeitsheft 1
Fördern
Heft A

Erarbeitet von

Esther Radgen, Anja Schultalbers-Niebel
und Kerstin von Werder

Auf der Grundlage von

Anna-Katharina Lautenschläger, Heike Leinhos,
Kathrin Merkt, Sandra Precht und Kerstin von Werder

Wissenschaftlich beraten durch

Carola Reuter-Liehr

Illustriert von

Svenja Doering, Isabelle Metzen und Silke Reimers

ich

U

1: erste Wörter schreiben (z. B. den eigenen Namen, bekannte Buchstaben und Wörter), dazu malen

2: Muster nachspuren und fortsetzen, eigene Muster erfinden (Kari und Bu)

• Fibel/Fibel Fö: S. 5–9

1 ◉

2 🖊

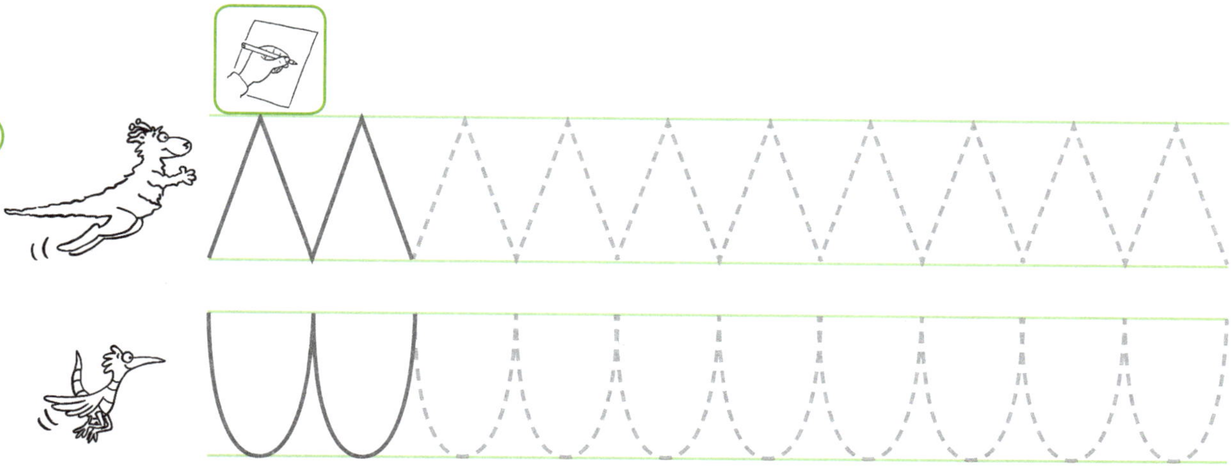

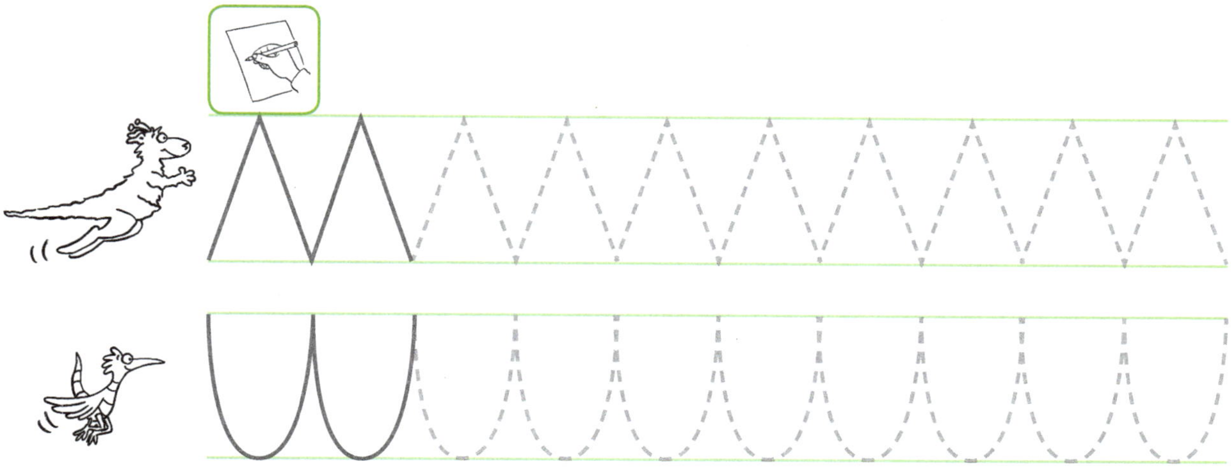

3 ✗🖊

• Fibel/Fibel Fö: S. 5–9

1: über die Abbildungen sprechen, Rechts- und Linkshändigkeit thematisieren
2: Muster jeweils mit rechter und linker Hand nachspuren; bevorzugte Schreibhand ankreuzen

3

1

2

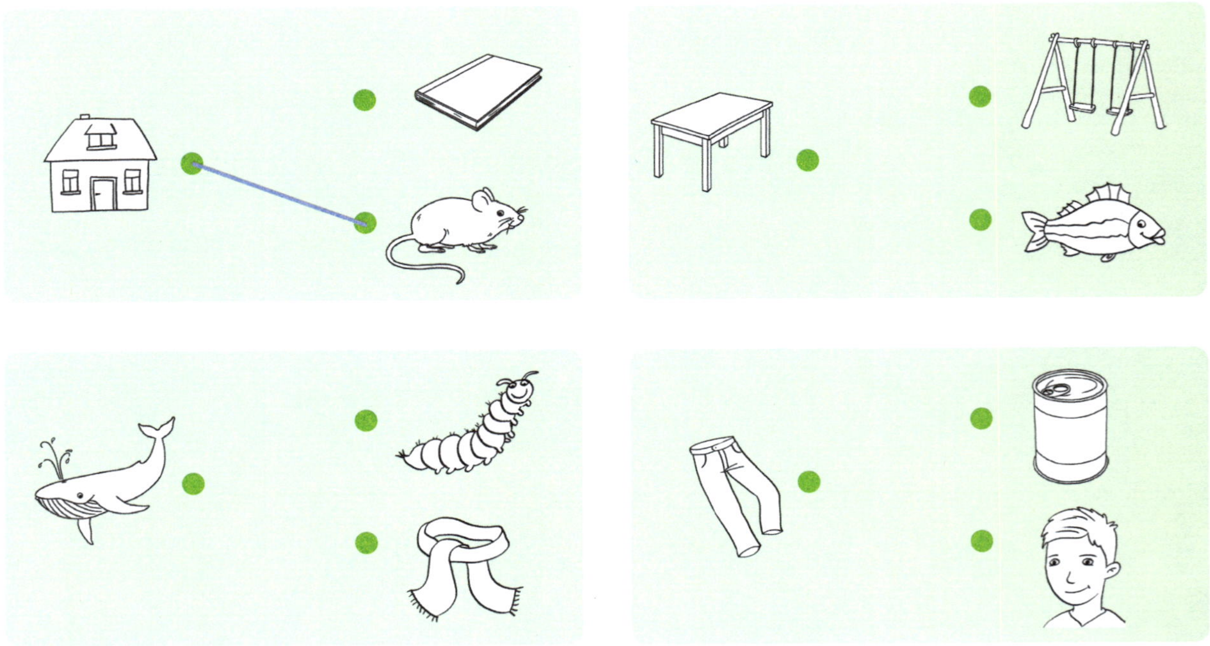

1

2

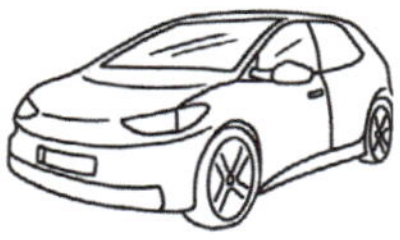

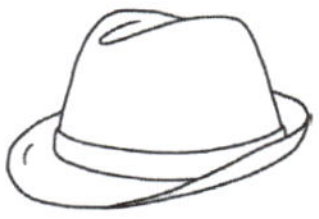

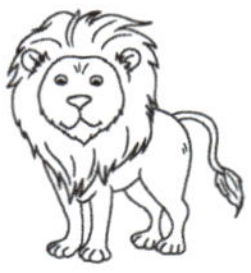

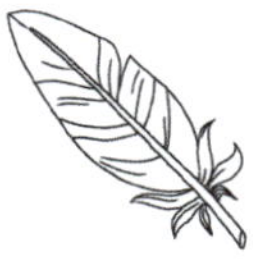

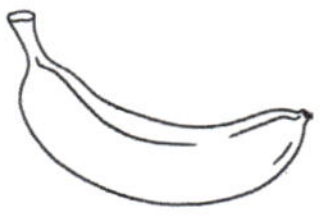

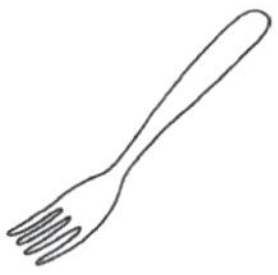

3

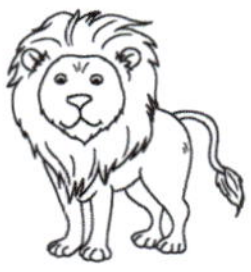

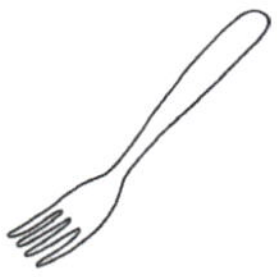

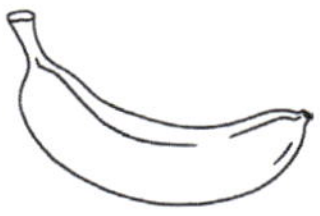

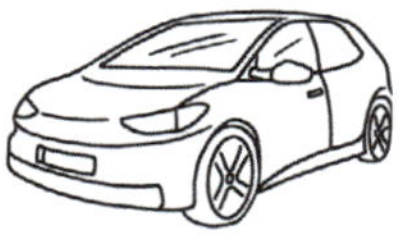

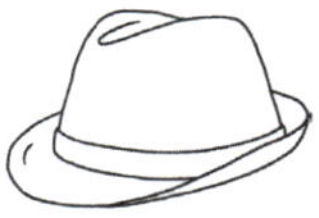

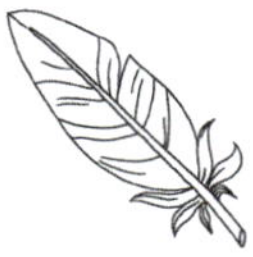

1: Schreibbewegung der Silbenbögen üben; **2:** Anlautbilder benennen; Silbenbögen mit dem Finger nachspuren und/oder mit dem Stift nachzeichnen, dabei in Silben mitsprechen; **3:** Anlautbilder benennen; Silben schwingen, Silbenbögen setzen

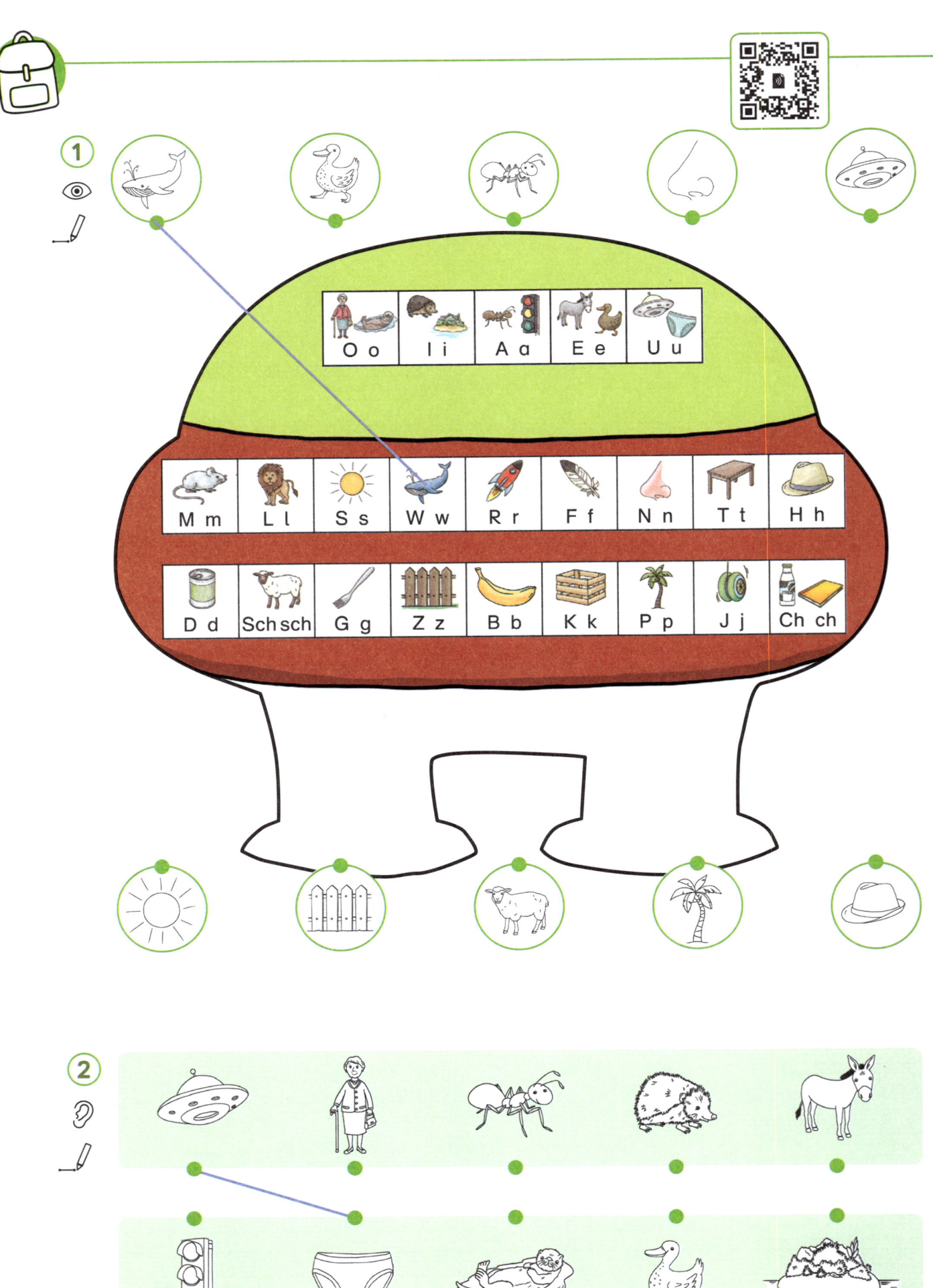

1: Schreib-Ufo kennenlernen, Anlautbilder benennen und verbinden; Differenzierung: über den QR-Code das sprechende Schreib-Ufo aufrufen; 2: Anlautbilder mit dem gleichen Anlaut verbinden

• Fibel/Fibel Fö: S. 5–9

1

• Fibel/Fibel Fö: S. 5–9

1: würfeln, Spielfigur (o. ä.) setzen und Anlautbilder benennen; weitere Fördermöglichkeiten: zur phonologischen Bewusstheit: Reimwörter/Wörter mit gleichem Anlaut/gleicher Silbenanzahl finden; Wortschatzarbeit: Wörter aus dem gleichen Wort-/Themenfeld finden

1

2

3

1: Silbenbögen mit dem Finger nachspuren und/oder mit dem Stift nachzeichnen, dabei in Silben mitsprechen; **2/3:** Silben schwingen, Silbenbögen setzen

• Fibel/Fibel Fö: S. 5–9

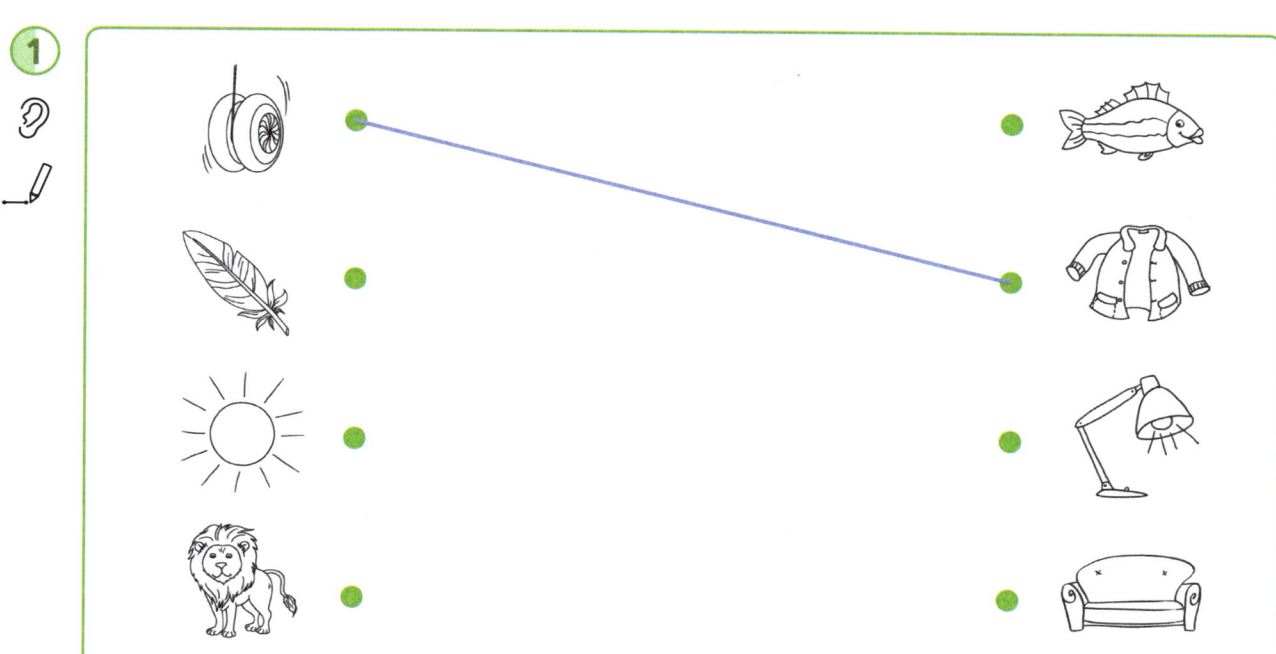

2

• Fibel/Fibel Fö: S. 5–9

1: verbinden, welche Wörter mit dem gleichen Anlaut beginnen
2: Anlautbilder nennen; mit Wort, das mit dem gleichen Anlaut beginnt, verbinden

1

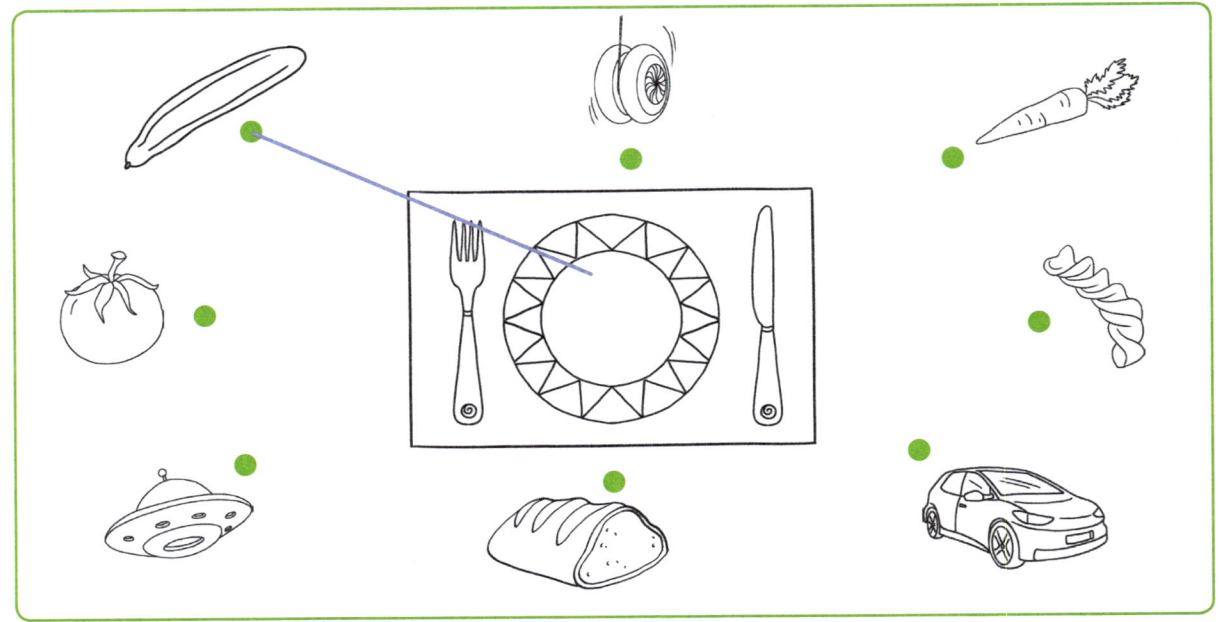

2

abc

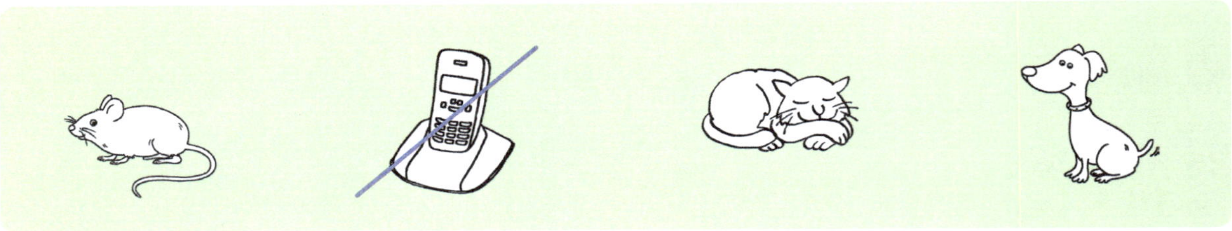

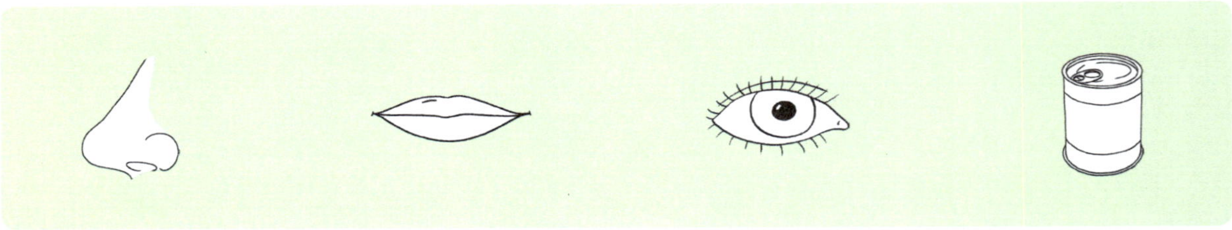

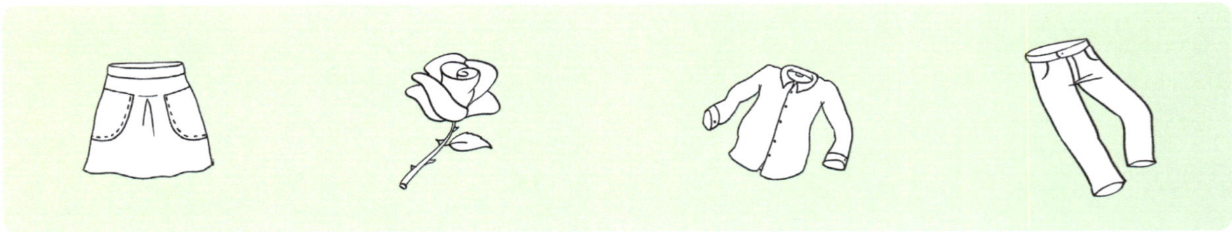

1: Bilder zum Oberbegriff „Essen" erfassen und verbinden; **2:** Bilder eines Oberbegriffs erfassen und das Bild durchstreichen, das nicht zum Oberbegriff passt

• Fibel/Fibel Fö: S. 5–9

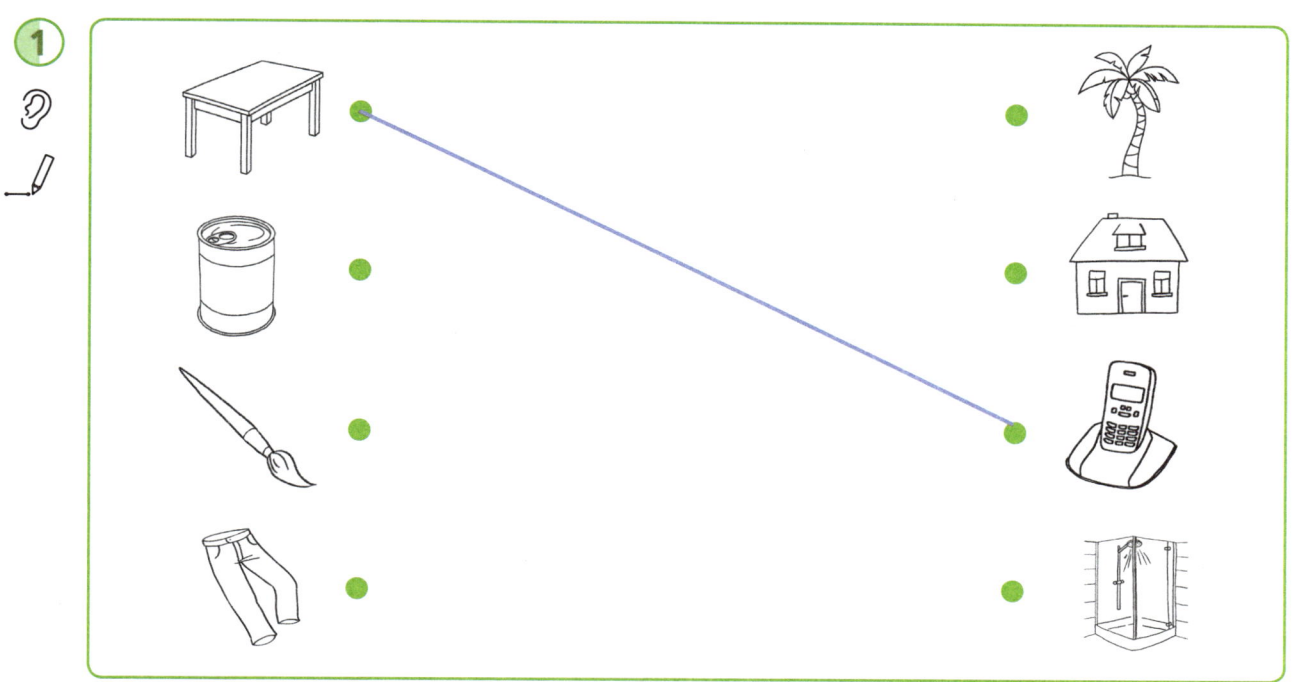

2

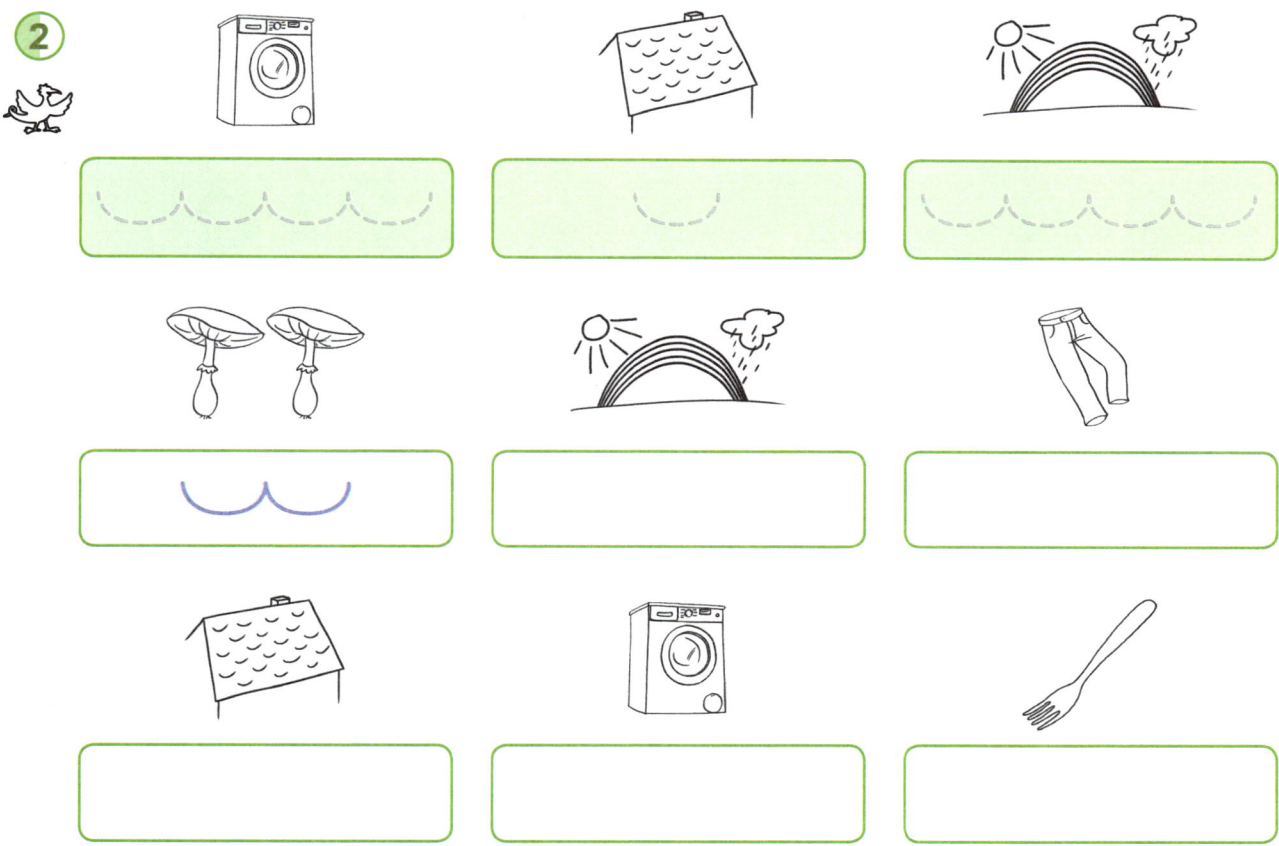

1: verbinden, welche Wörter mit dem gleichen Anlaut beginnen
2: oben: Silbenbögen mit dem Finger nachspuren und/oder mit dem Stift nachzeichnen,
dabei in Silben mitsprechen; unten: Silbentraining: Wörter in Silben schwingen, Silben-
bögen mitsprechend setzen

1

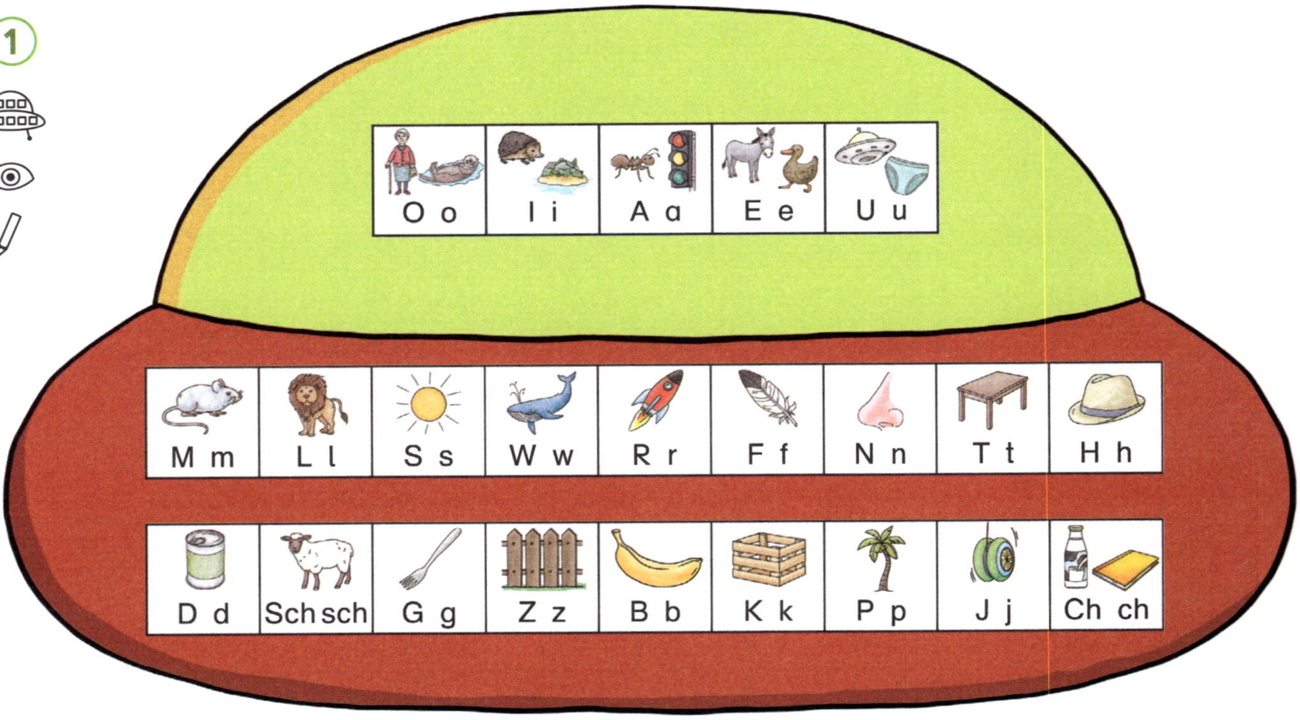

O o	I i	A a	E e	U u

M m	L l	S s	W w	R r	F f	N n	T t	H h

D d	Sch sch	G g	Z z	B b	K k	P p	J j	Ch ch

W   M   E   I

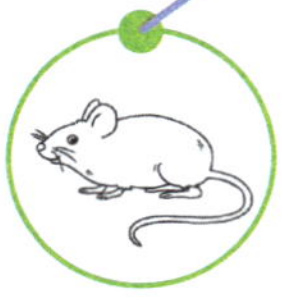

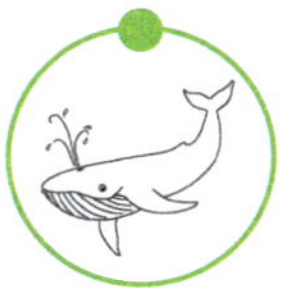

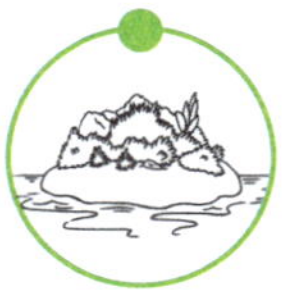

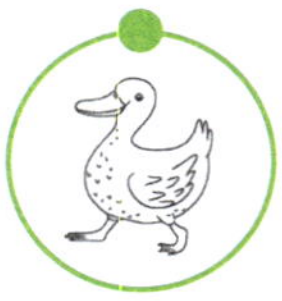

U   L   A   O

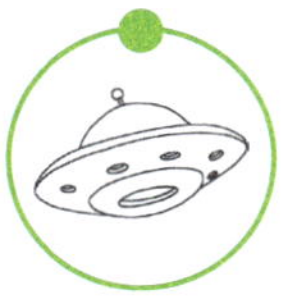

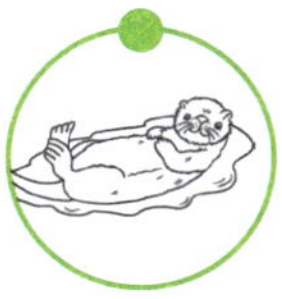

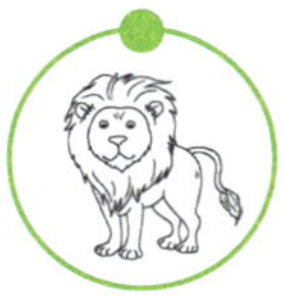

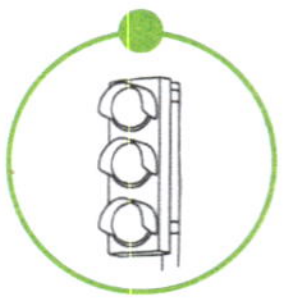

1

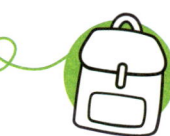

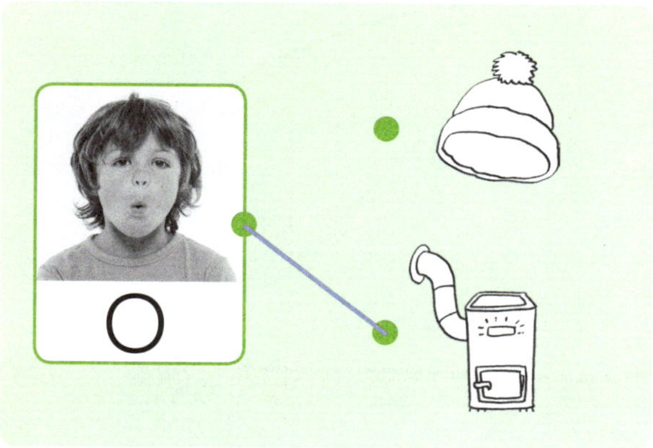

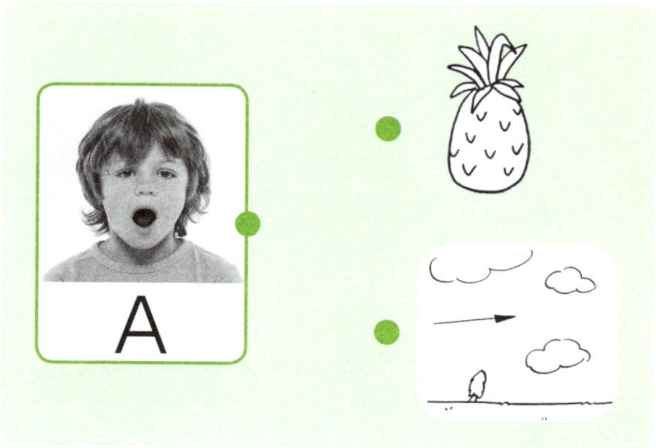

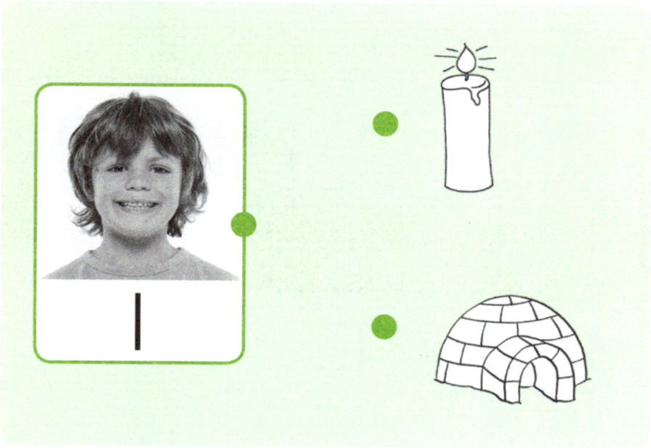

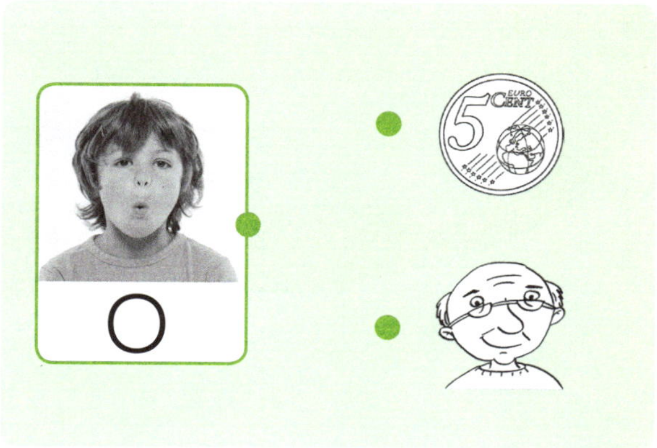

2

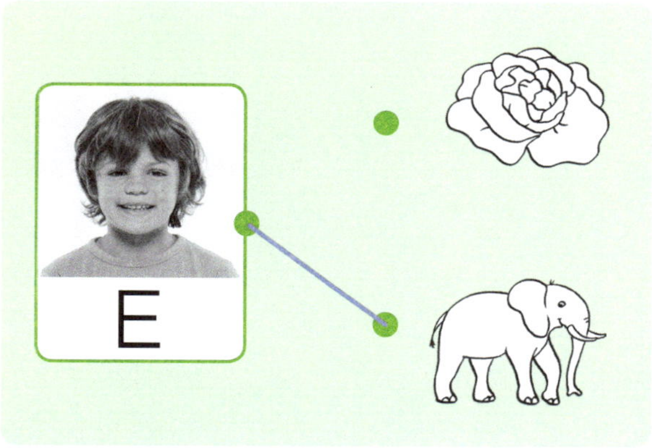

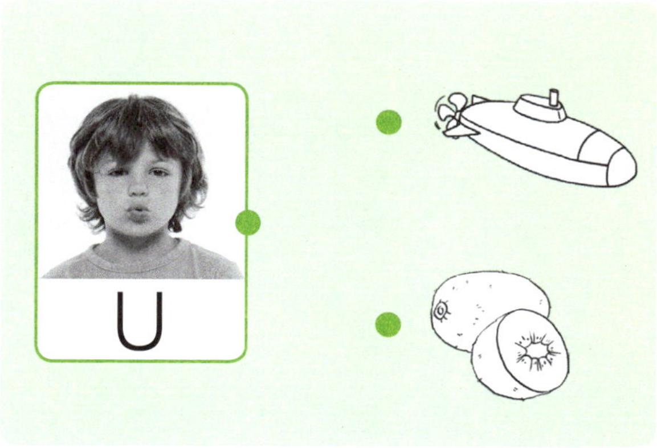

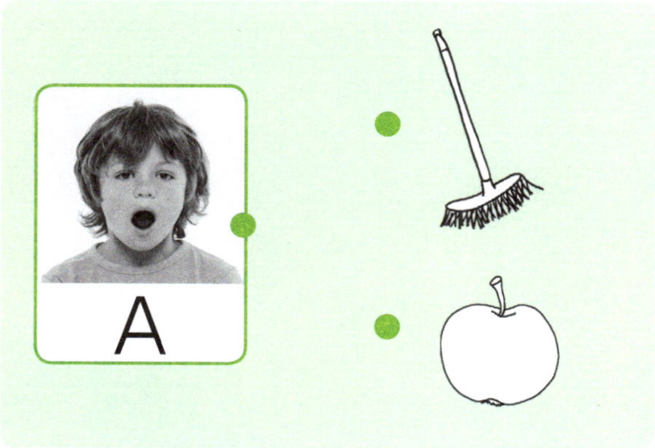

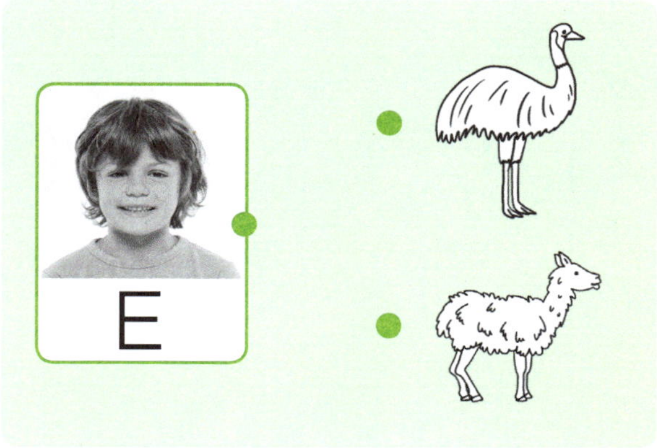

• Fibel/Fibel Fö: S. 10/11, 18/19

1/2: Vokal (Anlaut) sprechen, mit dem passenden Wort verbinden

1

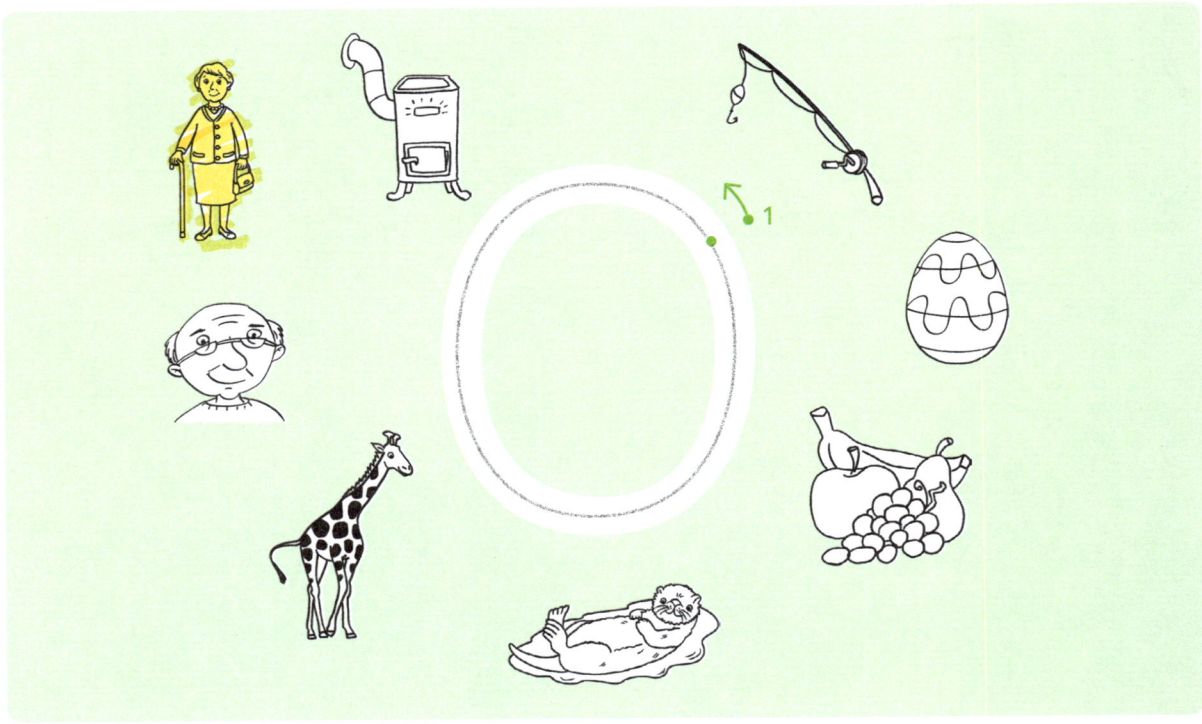

2

3

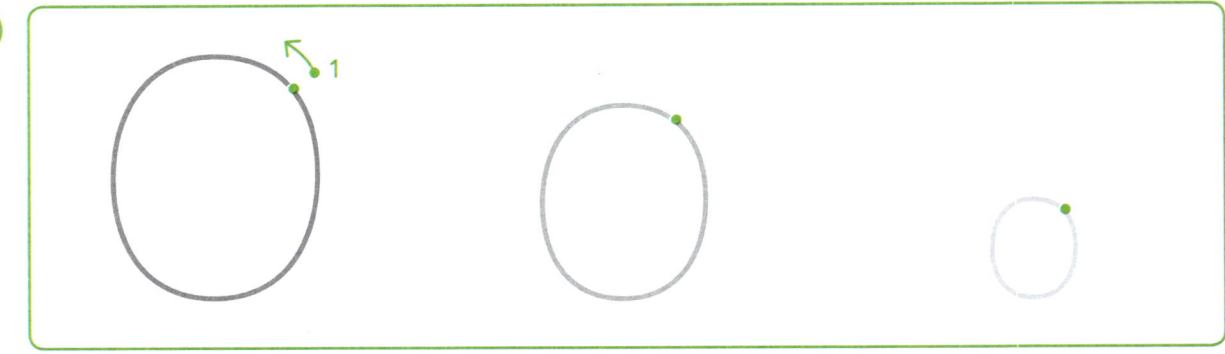

1: Wörter zu den Minibildern über QR-Code anhören; Wörter in Silben schwingen und sprechen; Lautgebärde anwenden, Wörter mit O finden und anmalen; Schreibbewegung nachspuren; **Diff.**: siehe hinten im Heft; **2**: Bewegungsform des O trainieren; **3**: O nachspuren

• Fibel/Fibel Fö: S. 10/11
• Ich-Heft A1: S. 4–9

1

Z O O T U O O
O O T U O T U
I

2

O O O ○ ○ ○ ○ O

O O O · · · · O

3

• Fibel/Fibel Fö: S. 10/11
• Ich-Heft A1: S. 4–9

1: O einkreisen; **2:** O nachspuren und schreiben; **3:** oben: Silbenbögen mit dem Finger nach-spuren und/oder mit dem Stift nachzeichnen, dabei in Silben mitsprechen;
unten: Silbentraining: Wörter in Silben schwingen, Silbenbögen mitsprechend setzen

15

1

2

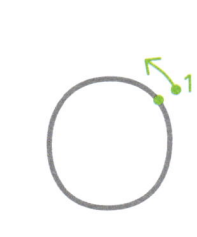

3

O o

1: Wörter zu den Minibildern über QR-Code anhören; Wörter in Silben schwingen u. sprechen; Wörter mit o finden und anmalen; Schreibbewegung nachspuren; **Diff.:** siehe hinten im Heft;
2: o nachspuren; **3:** Wörter in Silben schwingen u. sprechen; Silbenbögen setzen; Lautgebärde anwenden, passend zu O o verbinden

• Fibel/Fibel Fö: S. 10/11
• Ich-Heft A1: S. 4–9

1

O K O E K O N O F I

n o k f o l i u o i o

2

O O O O O O O O O O O

O O O O O O

3

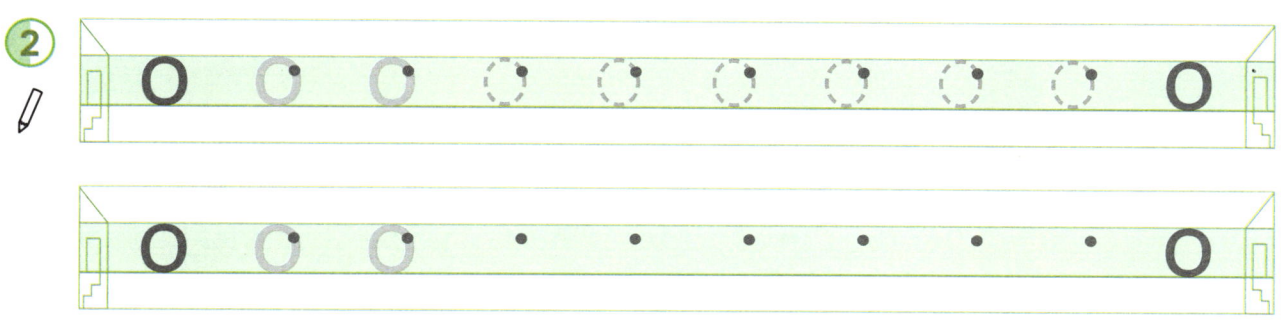

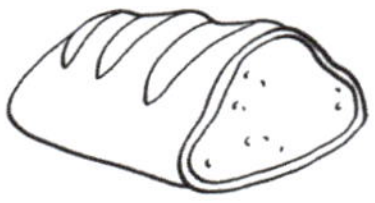

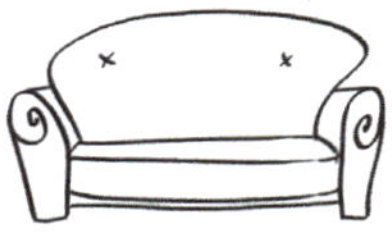

• Fibel/Fibel Fö: S. 10/11
• Ich-Heft A1: S. 4–9

1: O o einkreisen; **2:** o nachspuren und schreiben; **3:** oben: Silbenbögen mit dem Finger nach-
spuren und/oder mit dem Stift nachzeichnen, dabei in Silben mitsprechen;
unten: Silbentraining: Wörter in Silben schwingen, Silbenbögen mitsprechend setzen

17

1

2

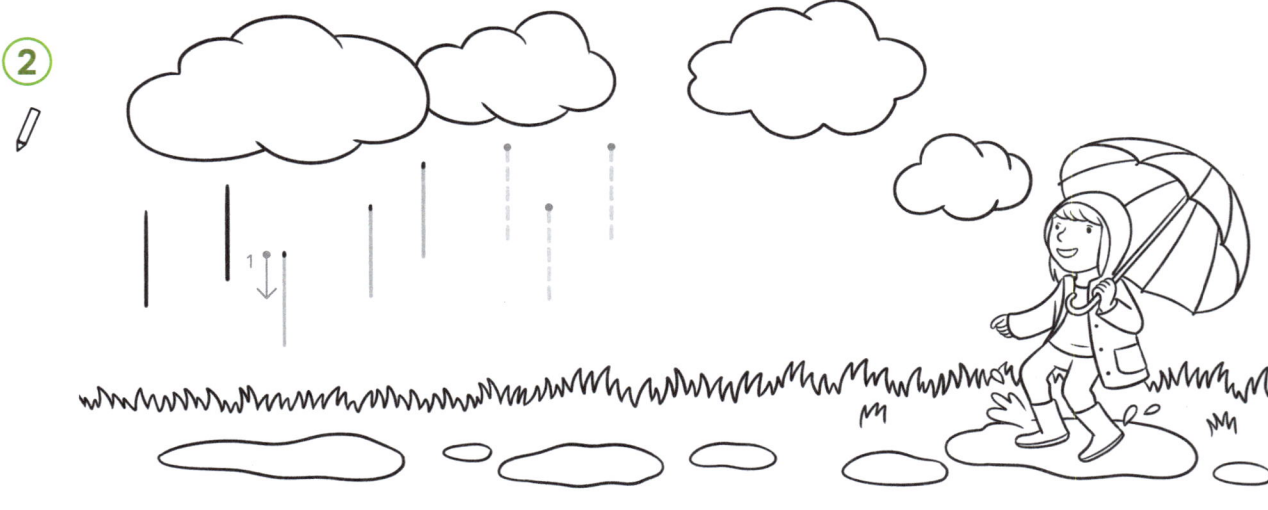

3

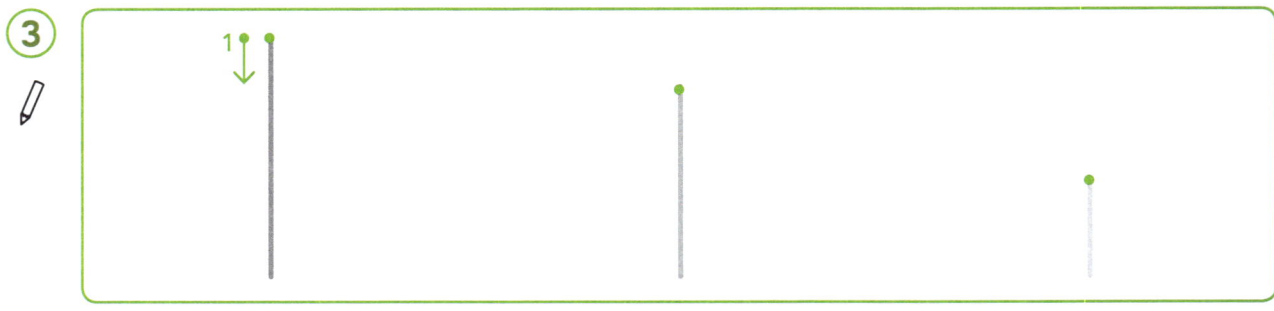

1: Wörter zu den Minibildern über QR-Code anhören; Wörter in Silben schwingen und sprechen; Lautgebärde anwenden, Wörter mit I finden und anmalen; Schreibbewegung nachspuren; **Diff.:** siehe hinten im Heft; **2:** Bewegungsform des I trainieren; **3:** I nachspuren

- Fibel/Fibel Fö: S. 10/11
- Ich-Heft A1: S. 10–15

1 👁 ✏️

I I A K K G
M S I O I
(with letter I circled after the first I)

2 ✏️

(two rows of tracing strips with dots)

3 🐦

(igloo)
(inline skates)
(vampire)

(iceberg/rock with greenery)
(vampire)
(kiwi)

(igloo)
(hedgehog)
(inline skates)

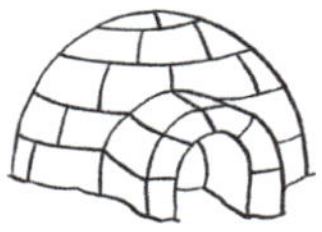

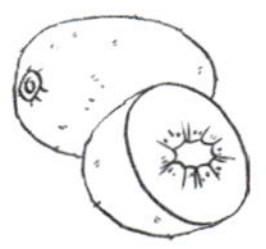

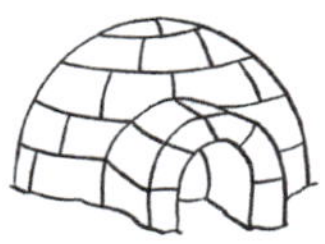

• Fibel/Fibel Fö: S. 10/11
• Ich-Heft A1: S. 10–15

1: I einkreisen; **2:** I nachspuren und schreiben; **3:** oben: Silbenbögen mit dem Finger nachspuren und/oder mit dem Stift nachzeichnen, dabei in Silben mitsprechen; unten: Silbentraining: Wörter in Silben schwingen, Silbenbögen mitsprechend setzen

1

2

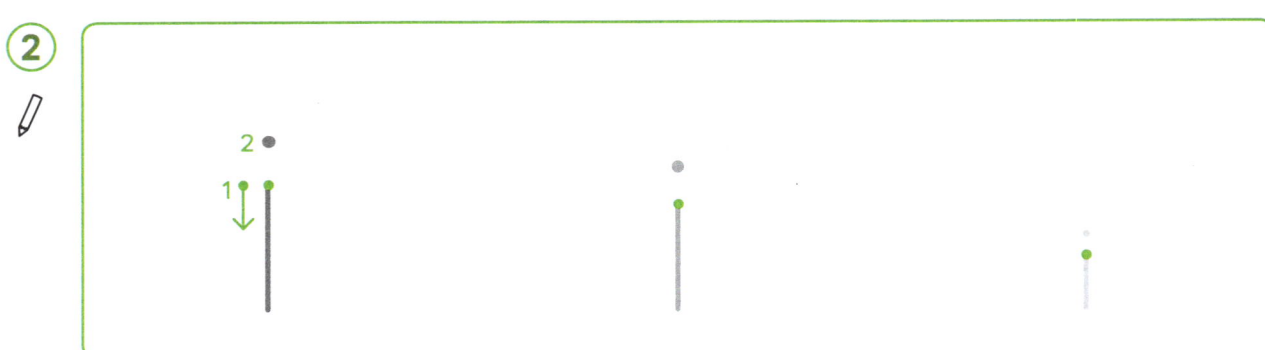

3

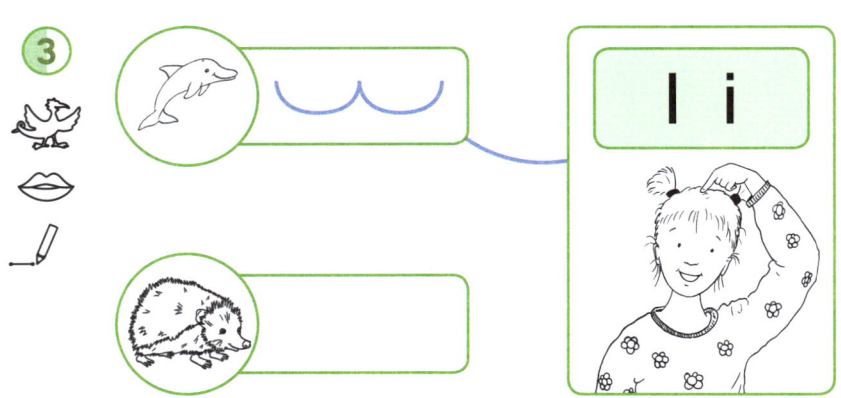

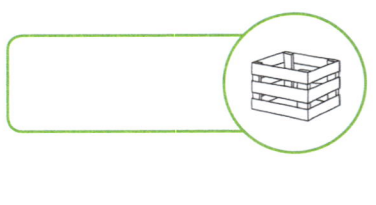

1: Wörter zu den Minibildern über QR-Code anhören; Wörter in Silben schwingen und sprechen; Wörter mit i finden und anmalen; Schreibbewegung nachspuren; **Diff.:** siehe hinten im Heft; **2:** i nachspuren; **3:** Wörter in Silben schwingen u. sprechen; Silbenbögen setzen; Lautgebärde anwenden, passend zu I i verbinden

• Fibel/Fibel Fö: S. 10/11
• Ich-Heft A1: S. 10–15

1 Z Ⓘ S H I M I N I D I I

r i i m i s i w i i d z

2

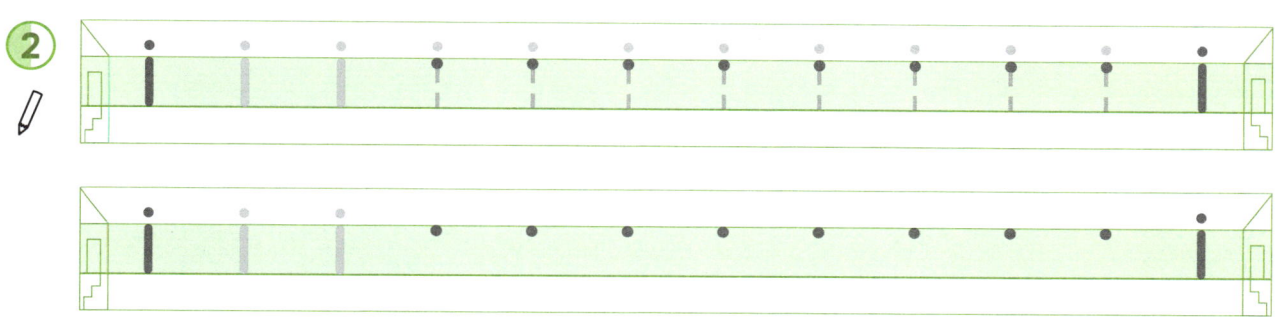

3

🐦

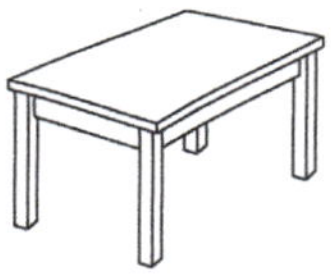

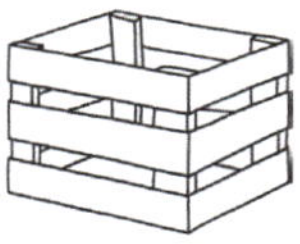

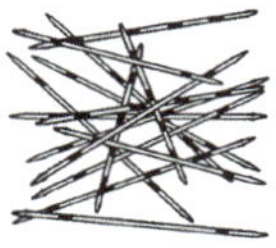

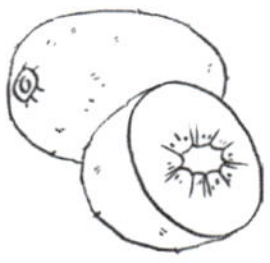

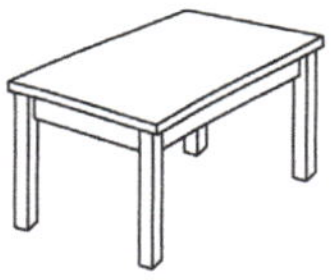

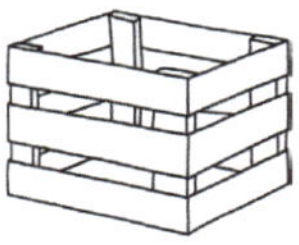

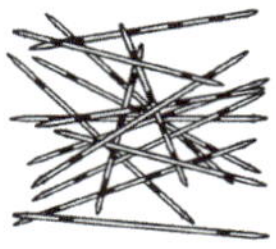

• Fibel/Fibel Fö: S. 10/11
• Ich-Heft A1: S. 10–15

1: I i einkreisen; **2:** i nachspuren und schreiben; **3:** oben: Silbenbögen mit dem Finger nach-
spuren und/oder mit dem Stift nachzeichnen, dabei in Silben mitsprechen;
unten: Silbentraining: Wörter in Silben schwingen, Silbenbögen mitsprechend setzen

21

1

2

3

1: Wörter zu den Minibildern über QR-Code anhören; Wörter in Silben schwingen und sprechen; Lautgebärde anwenden, Wörter mit A finden und anmalen; Schreibbewegung nachspuren; **Diff.:** siehe hinten im Heft **2:** Bewegungsform des A trainieren; **3:** A nachspuren

• Fibel/Fibel Fö: S. 10/11
• Ich-Heft A1: S. 16–21

① 👁 ✏️

I A K A H A K
A O A E A

② ✏️

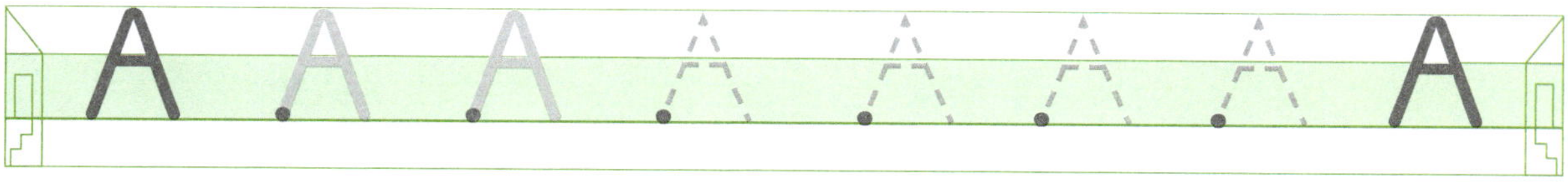

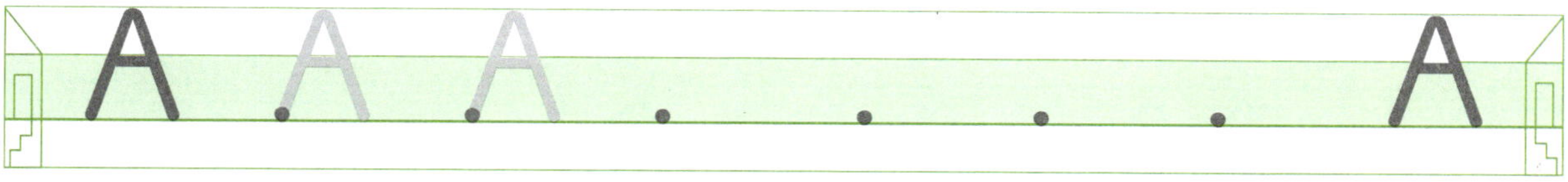

A A A A A A A A

A A A A

③ 🐦

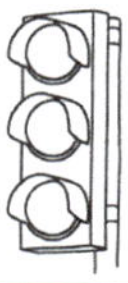

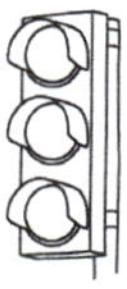

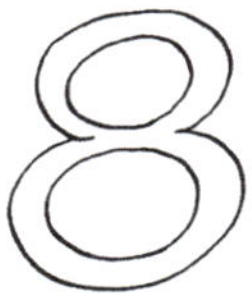

• Fibel/Fibel Fö: S. 10/11
• Ich-Heft A1: S. 16–21

1: A einkreisen; **2:** A nachspuren und schreiben; **3:** oben: Silbenbögen mit dem Finger nachspuren und/oder mit dem Stift nachzeichnen, dabei in Silben mitsprechen; unten: Silbentraining: Wörter in Silben schwingen, Silbenbögen mitsprechend setzen

23

1

2

3

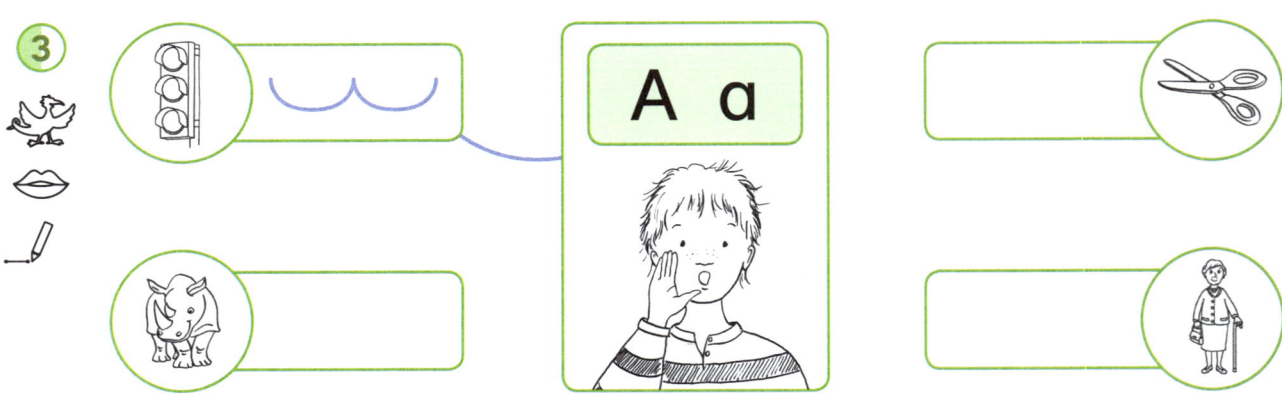

1: Wörter zu den Minibildern über QR-Code anhören; Wörter in Silben schwingen und sprechen; Wörter mit a finden und anmalen; Schreibbewegung nachspuren; **Diff.:** siehe hinten im Heft; **2:** a nachspuren; **3:** Wörter in Silben schwingen u. sprechen; Silbenbögen setzen; Lautgebärde anwenden, passend zu A a verbindenn

- Fibel/Fibel Fö: S. 10/11
- Ich-Heft A1: S. 16–21

1

(A) N O A U A M H A A W A

a l a m a s a t i a a s

o s m A T s V l t A a W

2

a a a · · · · a

a a a · · · · a

3

4

A a

O o

• Fibel/Fibel Fö: S. 10/11
• Ich-Heft A1: S. 16–21

1: A a einkreisen; **2:** a nachspuren und schreiben; **3:** Silbentraining: Wörter in Silben schwingen, Silbenbögen mitsprechend setzen; **4:** Lautgebärden anwenden, Wörter sprechen, Bilder, die den Vokal enthalten, ankreuzen

25

1

2

3

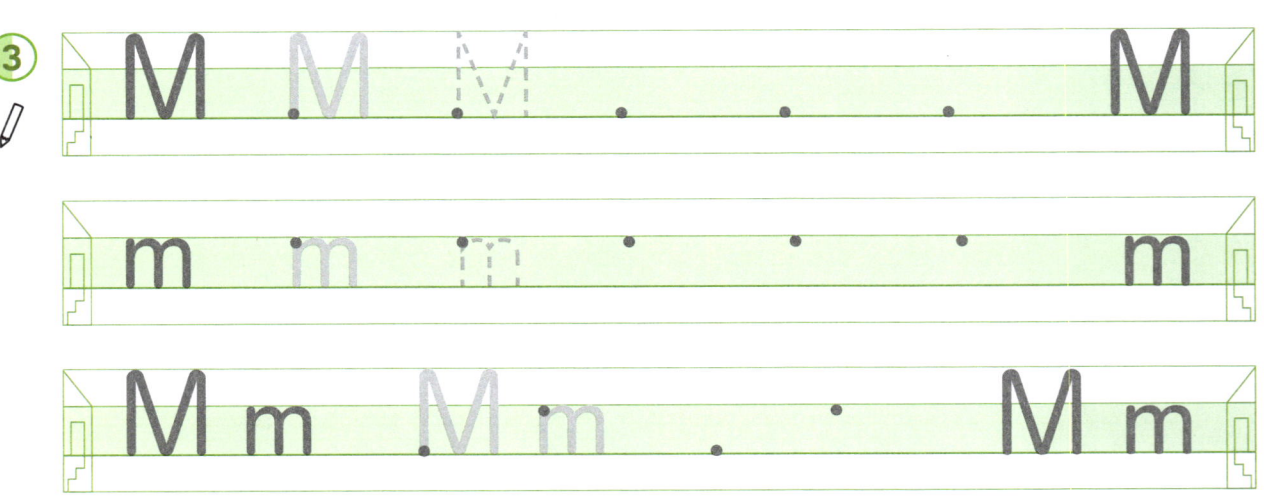

26

1: Wörter zu den Minibildern über QR-Code anhören; Wörter in Silben schwingen und spre-
chen; Lautgebärde anwenden, Wörter mit M m finden und einkreisen; Schreibbewegung nach-
spuren; **Diff.**: siehe hinten im Heft; **2**: M m nachspuren; **3**: M m nachspuren und schreiben

• Fibel/Fibel Fö: S. 12/13
• Ich-Heft A1: S. 22–31

①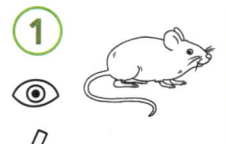

M	m	M	r	M	m	m	M	w	l
L	a	m	M	M	e	R	M	R	j
R	l	f	o	T	g	B	m	M	m

②

Mo

mi

Mami

③

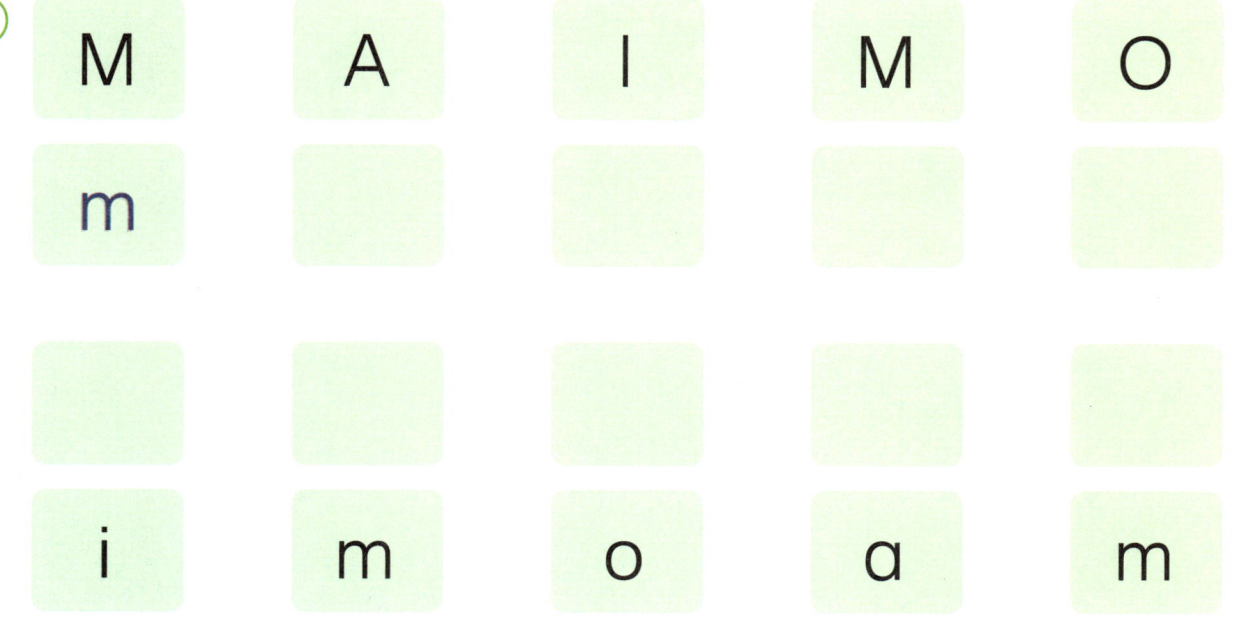

M	A	I	M	O
m				
i	m	o	a	m

• Fibel/Fibel Fö: S. 12/13
• Ich-Heft A1: S. 22–31

1: Felder mit M m anmalen; **2:** Wörter mit M m lesen und schreiben; Silbenarbeit beim Schreiben (mit Silbenbögen lesen und Piloten markieren); **Diff.:** Wörter dieser Aufgabe oder eigene Wörter ins Heft schreiben; **3:** Groß- und Kleinbuchstaben zuordnen und schreiben

27

1

M ... o   (Mo) / Ma

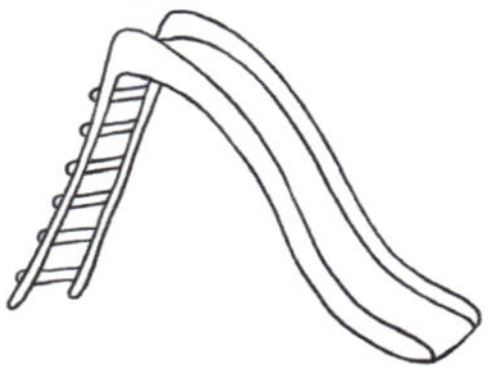

m ... o   mi / mo

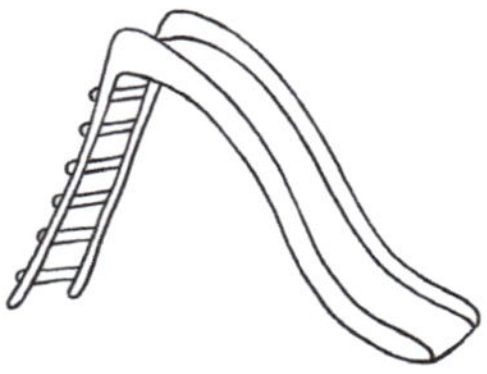

M ... a   Mi / Ma

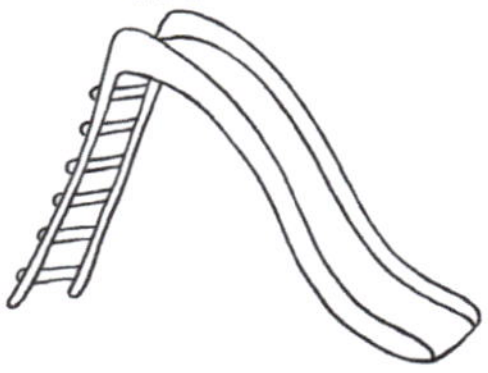

M ... i   Mi / mi

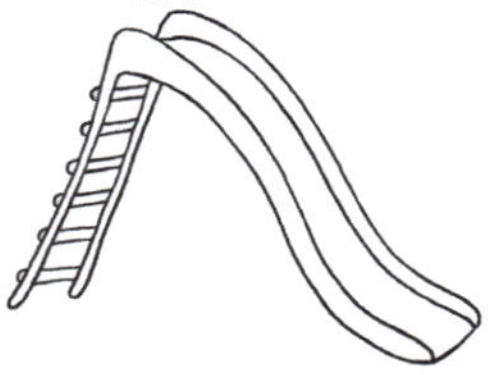

2

M — o / a / i

m — a / i / o

M — i / a / o

3

M  ... o   Mo

M 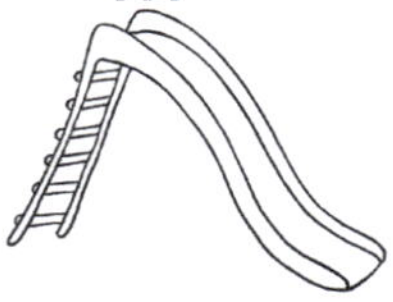 ... a

M 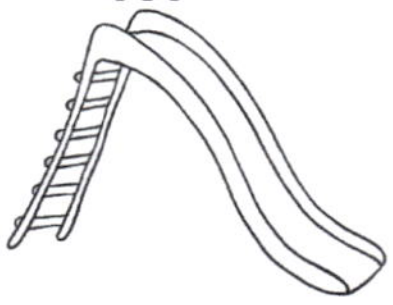 ... i

1: mit der Leserutsche die Lautsynthese anwenden, Silben lesen und einkreisen; 2: mit
stilisierter Leserutsche die Lautsynthese anwenden, Silben lesen; 3: mit Lautgebärden und
Leserutsche die Lautsynthese anwenden, Silben lesen und schreiben; (korrekte Klein- und
Großschreibung ist bei dieser Aufgabe zu vernachlässigen)

• Fibel/Fibel Fö: S. 12/13
• Ich-Heft A1: S. 22–31

1

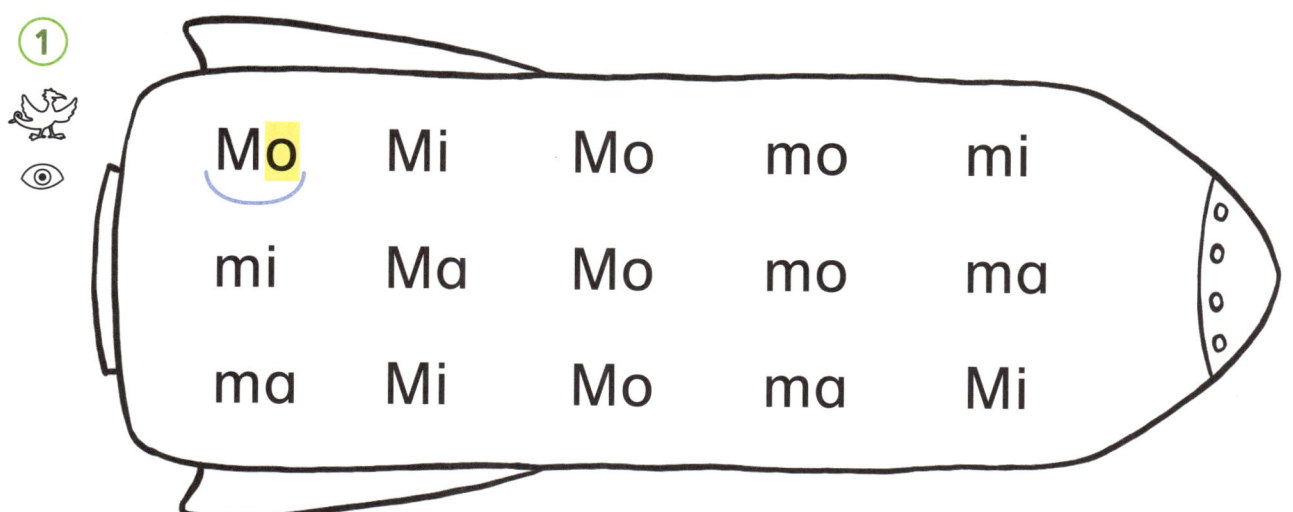

Mo	Mi	Mo	mo	mi
mi	Ma	Mo	mo	ma
ma	Mi	Mo	ma	Mi

2

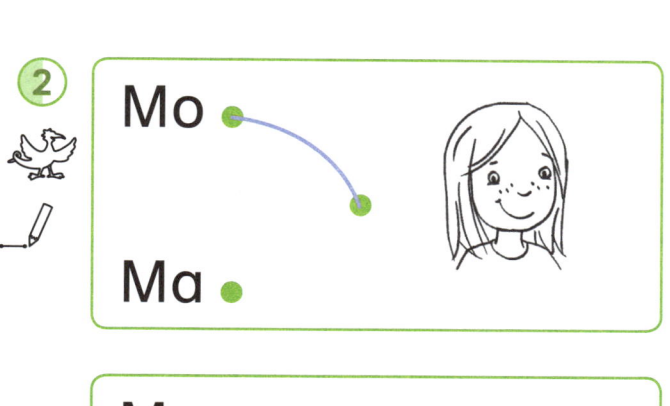

Mo
Ma

O
A

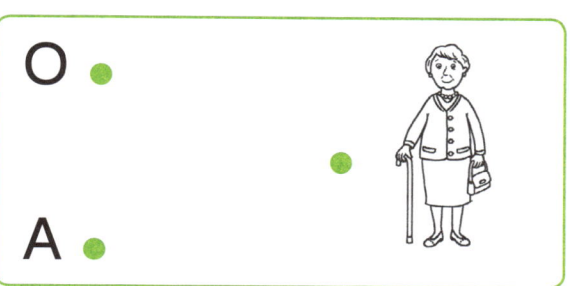

Mo
Ma

Mo
Mi

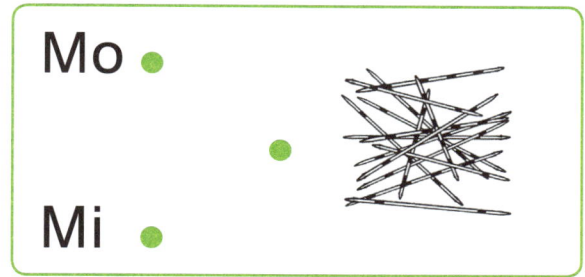

Mama

3

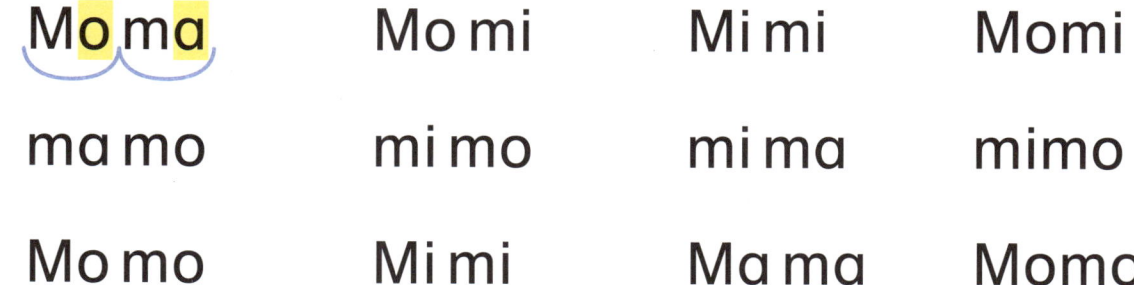

Moma	Momi	Mimi	Momi
mamo	mimo	mima	mimo
Momo	Mimi	Mama	Momo

• Fibel/Fibel Fö: S. 12/13
• Ich-Heft A1: S. 22–31

1: Silbenarbeit (Piloten markieren, mit Silbenbögen lesen): Silben mehrmals lesen, um
Leseflüssigkeit zu steigern; 2: Silben lesen (Silbenarbeit) und mit passendem Bild verbinden;
3: Silbenarbeit (mit Silbenbögen lesen und Piloten markieren); **Bu mit Lupe:** passendes Wort
oder Bild auf dieser Doppelseite finden und einkreisen

29

1

m

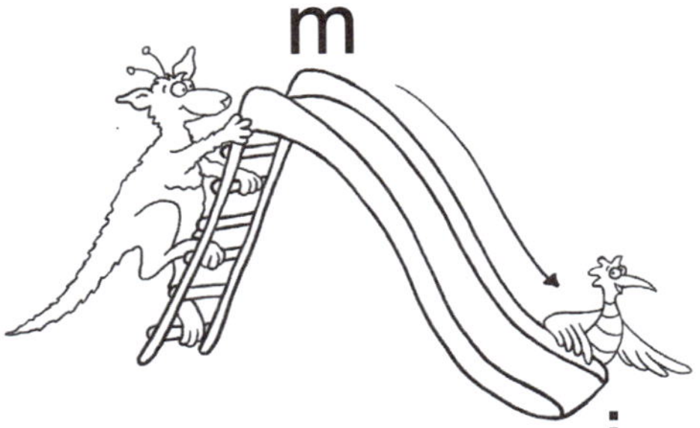

M — o
— i
— a

m — a
— i
— o

M — a
— i
— o

2

Mi   mo
Mo   mi

mi   Ma
ma   Mi

3

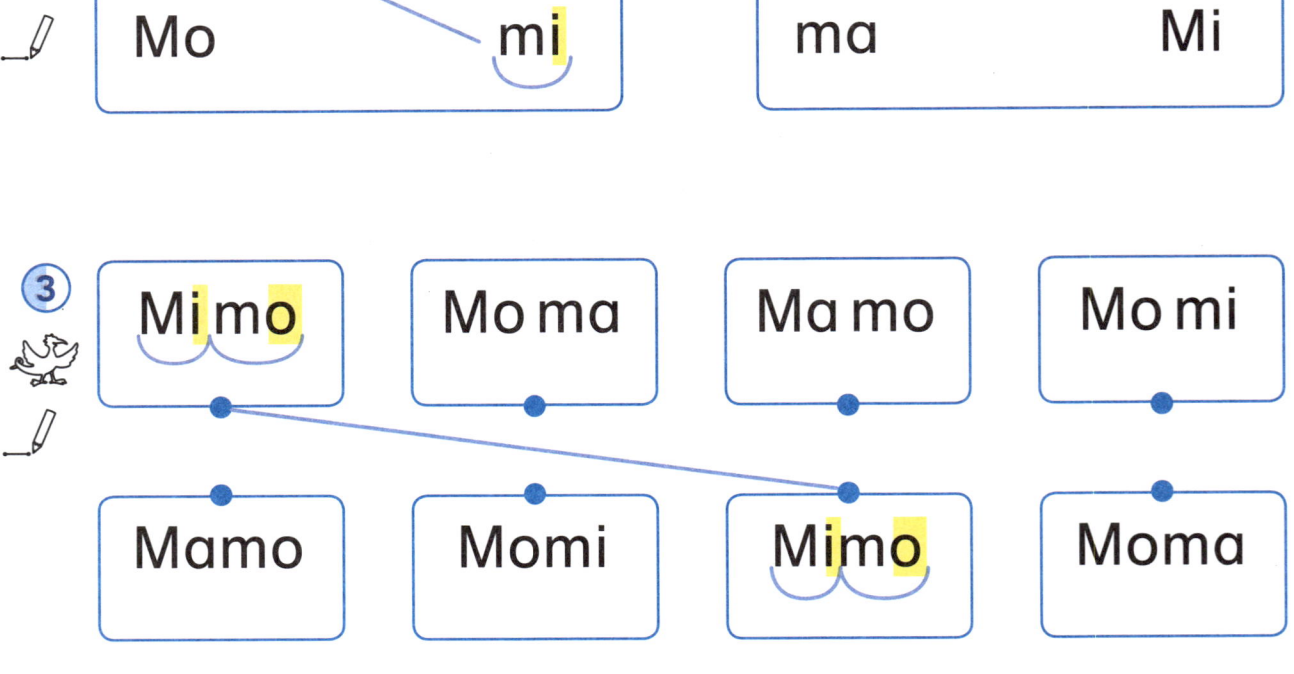

Mimo   Moma   Mamo   Momi

Mamo   Momi   Mimo   Moma

1: mit der Leserutsche die Lautsynthese anwenden, Silben lesen und schreiben;
2: Silbenarbeit (mit Silbenbögen lesen und Piloten markieren), gleiche Silben verbinden;
3: Silbenarbeit, Wörter mit Silbenlücke mit Wörtern ohne Silbenlücke verbinden

• Fibel/Fibel Fö: S. 14/15
• Ich-Heft A1: S. 32–33

Das kann ich

1

2

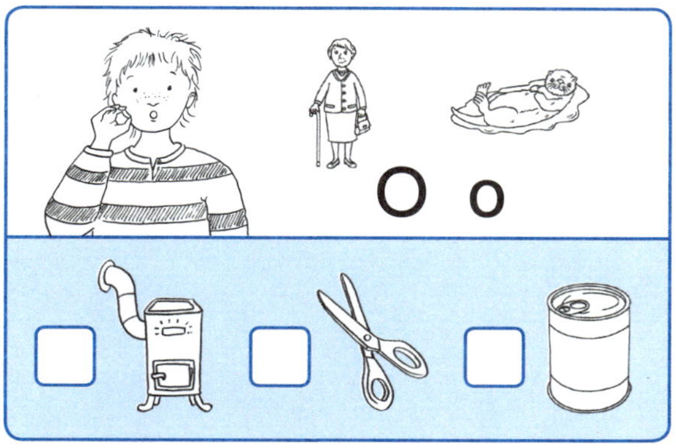

O o

M m

3

4

M		A	I	M
m	o			

• Fibel/Fibel Fö: am Ende von
  Kapitel 1

Inhalte aus den Bereichen Sprache untersuchen und Schreiben wiederholen;
Lernerfolg selbst einschätzen; über Lernen sprechen; Lernerfahrungen reflektieren

31

1

2

3

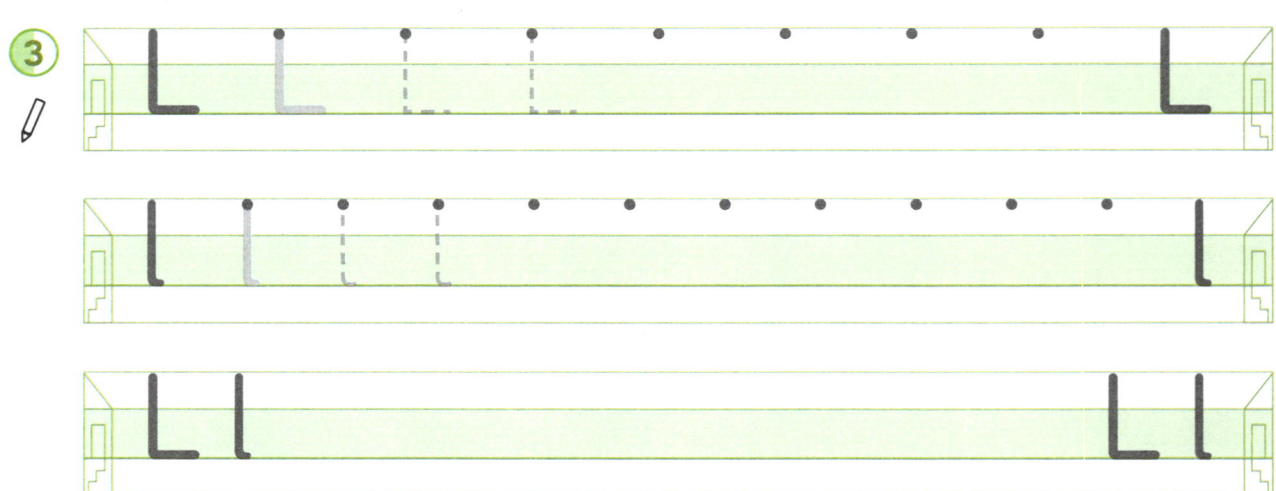

1: Wörter zu den Minibildern über QR-Code anhören; Wörter in Silben schwingen und sprechen; Lautgebärde anwenden, Wörter mit L l finden und einkreisen; Schreibbewegung nachspuren; **Diff.:** siehe hinten im Heft; **2:** L l nachspuren; **3:** L l nachspuren und schreiben

• Fibel/Fibel Fö Fö: S. 16/17
• Ich-Heft A1: S. 34–43

1

S L E U L D L M L C L O A L C O

l e c l i l a k l h n l u b l k

2

La

li

3

l	L			A
		m	l	

4

• Fibel/Fibel Fö: S. 16/17
• Ich-Heft A1: S. 34–43

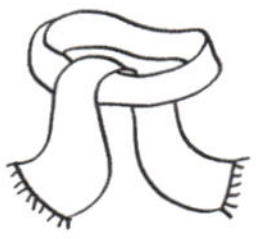

1: L l einkreisen; **Diff.:** verstecktes Wort finden; 2: Silben mit L l lesen und schreiben; Silbenarbeit beim Schreiben (mit Silbenbögen lesen und Piloten markieren); 3: Groß- und Kleinbuchstaben zuordnen und schreiben; 4: Silbentraining: Wörter in Silben schwingen, Silbenbögen mitsprechend setzen

33

1

L ⌇⌇⌇ a
Lo
La

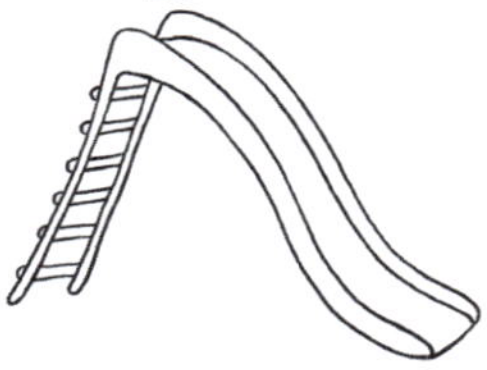

l ⌇⌇⌇ i
li
lo

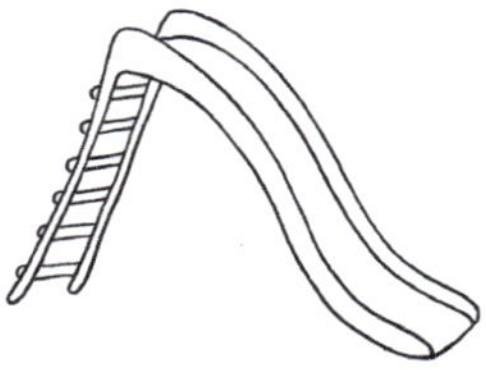

l ⌇⌇⌇ o
la
lo

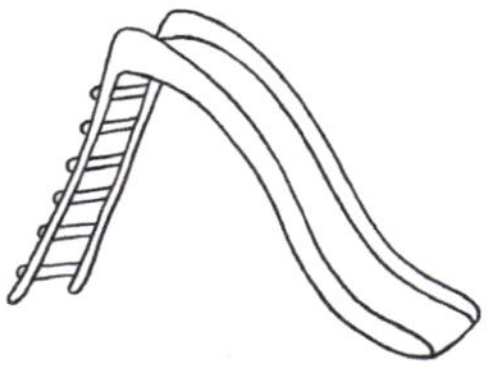

L ⌇⌇⌇ i
li
Li

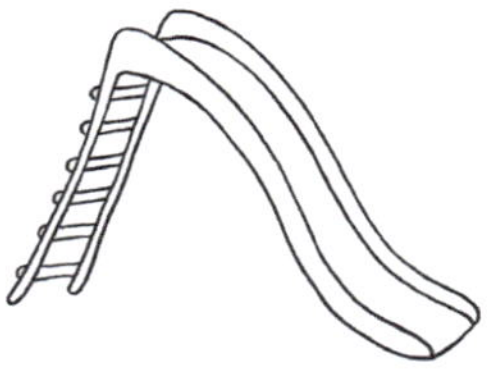

2

L ⌇⌇⌇ o
i
a

l ⌇⌇⌇ i
a
o

M ⌇⌇⌇ i
o
a

3

L 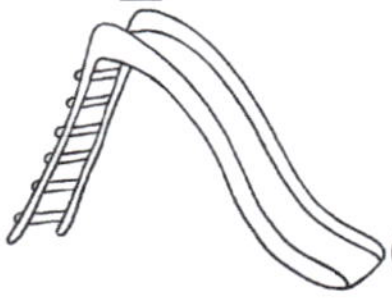 ⌇⌇⌇ a

L  ⌇⌇⌇ o

L 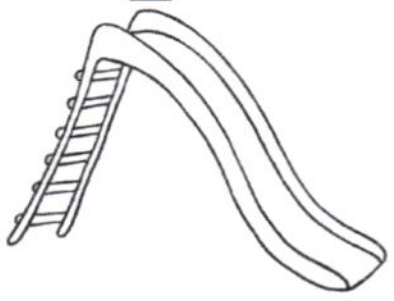 ⌇⌇⌇ i

1: mit der Leserutsche die Lautsynthese anwenden, Silben lesen und einkreisen;
2: mit stilisierter Leserutsche die Lautsynthese anwenden, Silben lesen;
3: mit Lautgebärden und Leserutsche die Lautsynthese anwenden, Silben bzw. Wörter lesen
und schreiben

• Fibel/Fibel Fö: S. 16/17
• Ich-Heft A1: S. 34–43

1

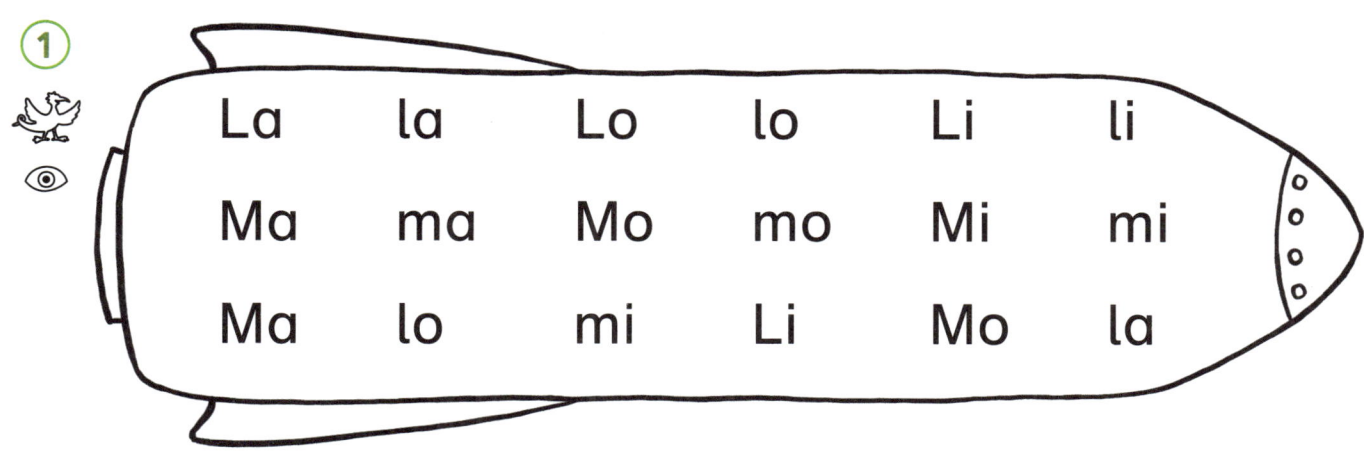

La	la	Lo	lo	Li	li
Ma	ma	Mo	mo	Mi	mi
Ma	lo	mi	Li	Mo	la

2

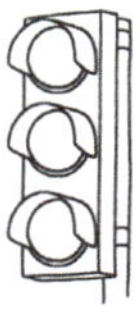

lila

3

Lama
Mama

Lilo
Limo

lila
Lola

Oma
Ali

• Fibel/Fibel Fö: S. 16/17
• Ich-Heft A1: S. 34–43

1: Silbenarbeit (mit Silbenbögen lesen und Piloten markieren): Silben mehrmals lesen,
um Leseflüssigkeit zu steigern; **2:** Wörter in Silben sprechen, verbinden, in welcher Silbe L l
zu hören ist; **3:** Wörter lesen (Silbenarbeit) und mit dem passenden Bild verbinden

35

1

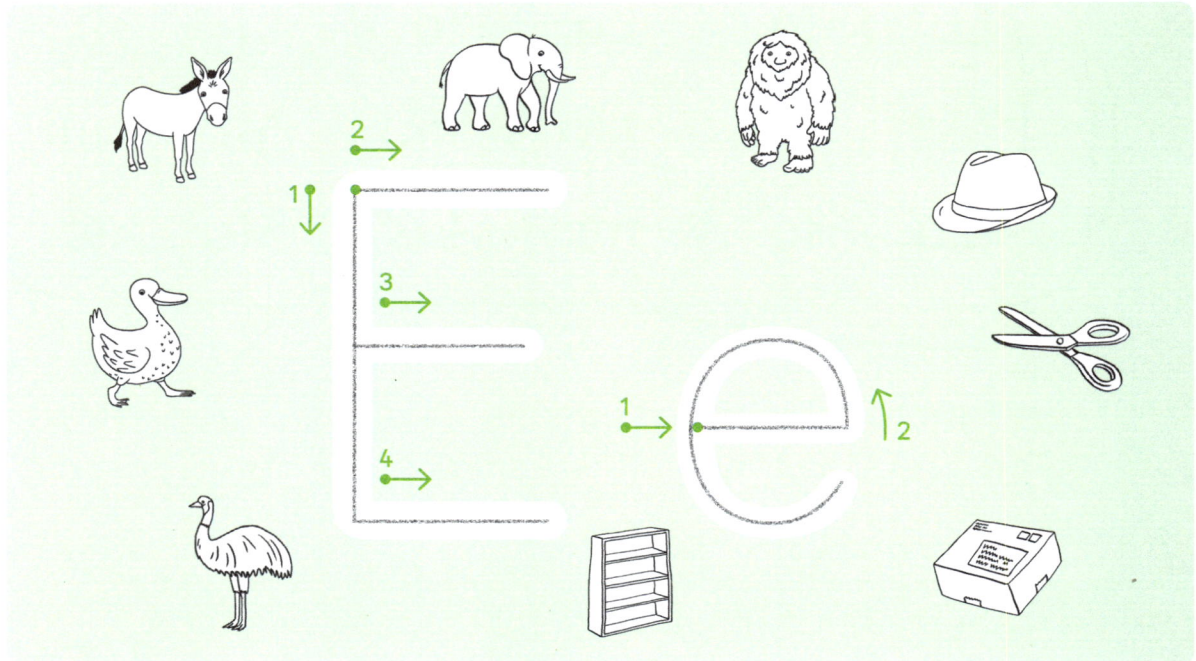

2

3

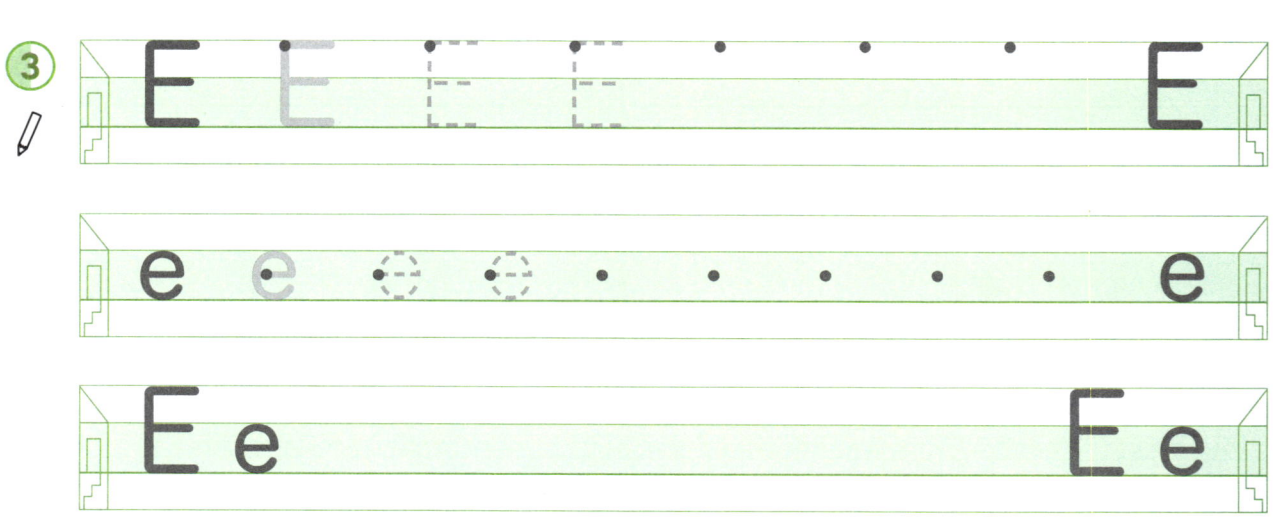

1: Wörter zu den Minibildern über QR-Code anhören; Wörter in Silben schwingen und sprechen; Lautgebärde anwenden, Wörter mit E e finden und anmalen; Schreibbewegung nachspuren; **Diff.:** siehe hinten im Heft; **2:** E e nachspuren; **3:** E e nachspuren und schreiben

• Fibel/Fibel Fö, S. 18/19
• Ich-Heft A1: S. 44–49

1

E l M E z e S
E e e E F E e E a

2

Ela

me

3

O	E			M
		a	e	

4

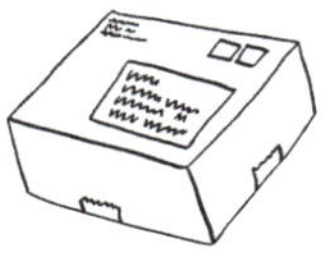

• Fibel/Fibel Fö, S. 18/19
• Ich-Heft A1: S. 44–49

1: E e einkreisen; **2:** Wörter und Silben mit E e schreiben und lesen; Silbenarbeit beim Schreiben (mit Silbenbögen lesen und Piloten markieren); **3:** Groß- und Kleinbuchstaben zuordnen und schreiben; **4:** Silbentraining: Wörter in Silben schwingen, Silbenbögen mitsprechend setzen

37

1

E e

2

Ee

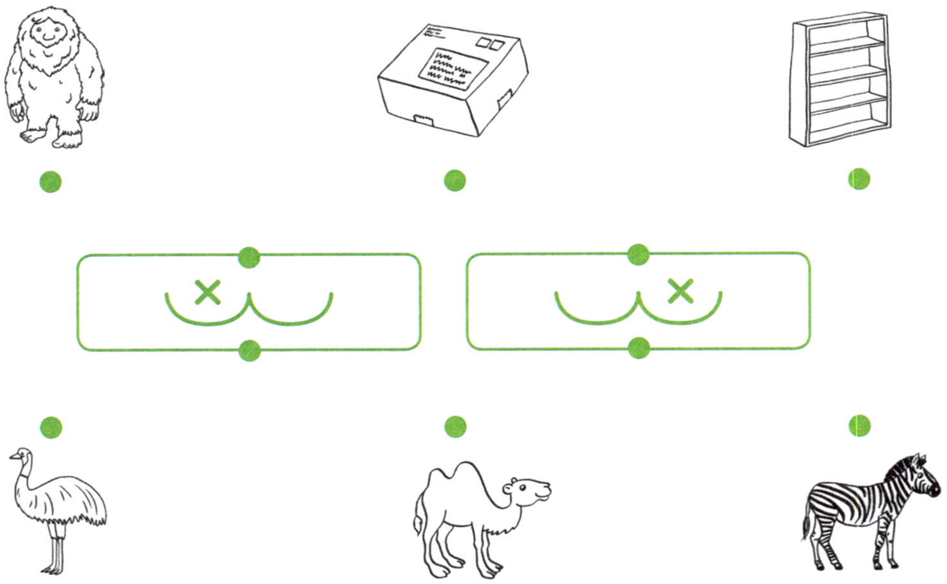

3 M - - - e
        i
        o

L - - - a
          e
          i

l - - - i
          e
          o

1: Wörter in Silben schwingen u. sprechen, Silbenbögen setzen, Lautgebärde anwenden, passend zu E e verbinden; **2:** Wörter in Silben sprechen, verbinden, in welcher Silbe E e zu hören ist; **3:** mit stilisierter Leserutsche die Lautsynthese anwenden, Silben lesen

• Fibel/Fibel Fö: S. 18/19
• Ich-Heft A1: S. 44–49

1

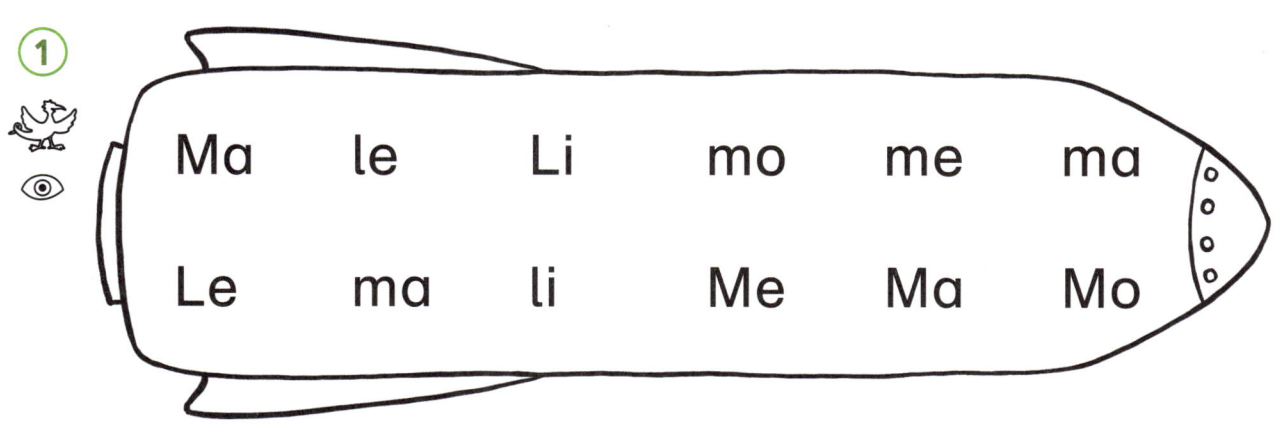

Ma	le	Li	mo	me	ma
Le	ma	li	Me	Ma	Mo

2

- Oli
- Ole

- Lela
- Lama

- Emu
- Ali

Lela

3

e   o   a

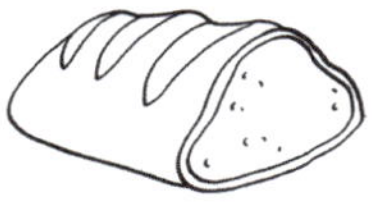

4

M **a** ma

Ol ☐

Kam ☐ l

Lim ☐

• Fibel/Fibel Fö: S. 18/19
• Ich-Heft A1: S. 44–49

1: Silbenarbeit (mit Silbenbögen lesen und Piloten markieren): Silben mehrmals lesen, um Leseflüssigkeit zu steigern; **2:** Wörter lesen (Silbenarbeit) und mit dem passenden Bild verbinden; **3:** Wörter sprechen, Vokale heraushören und mit passendem Piloten verbinden; **4:** Wörter sprechen und schwingen; fehlende Piloten ergänzen; Silbenbögen setzen

1

2

3

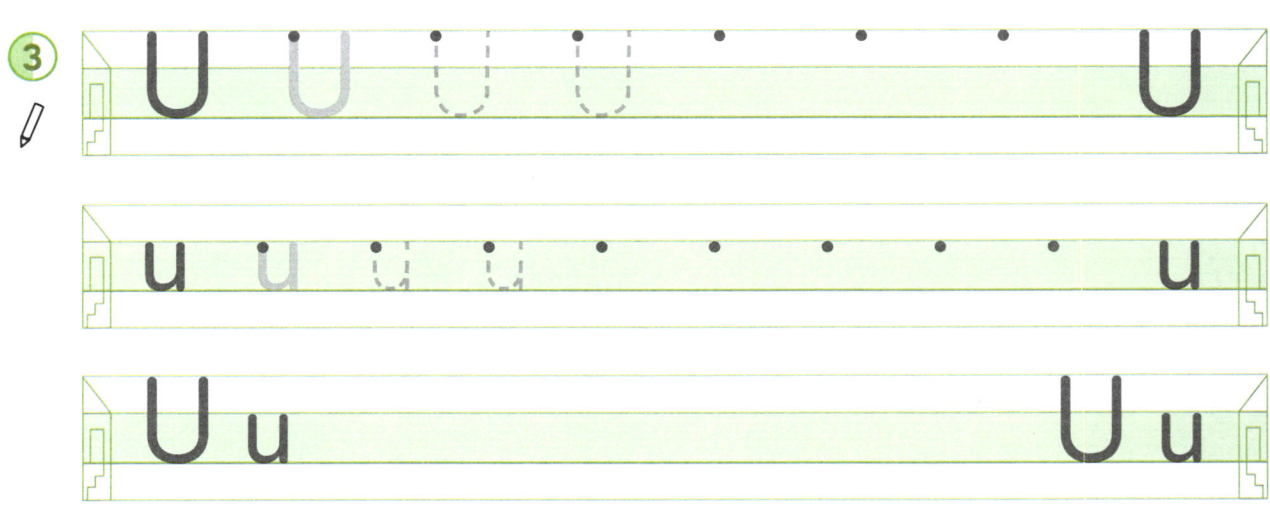

1: Wörter zu den Minibildern über QR-Code anhören; Wörter in Silben schwingen und sprechen; Lautgebärde anwenden, Wörter mit U u finden und anmalen; Schreibbewegung nachspuren; **Diff.:** siehe hinten im Heft; **2:** U u nachspuren; **3:** U u nachspuren und schreiben

• Fibel/Fibel Fö: S. 18/19
• Ich-Heft A1: S. 50–55

1

U t M A U A u
U u S U U A U L
u S U u u r u

2

Uma

lu

3

| M | | U | | A |
| | u | | i | |

4

• Fibel/Fibel Fö: S. 18/19
• Ich-Heft A1: S. 50–55

1: U u einkreisen; **2**: Wörter und Silben mit U u schreiben und lesen; Silbenarbeit beim Schreiben (mit Silbenbögen lesen und Piloten markieren); **3**: Groß- und Kleinbuchstaben zuordnen und schreiben; **4**: Silbentraining: Wörter in Silben schwingen, Silbenbögen mitsprechend setzen

41

1

U u

2

Uu

3

1: Wörter in Silben schwingen u. sprechen, Silbenbögen setzen, Lautgebärde anwenden, passend zu U u verbinden; **2:** Wörter in Silben sprechen, verbinden, in welcher Silbe U u zu hören ist; **3:** mit Lautgebärden die Lautsynthese anwenden, Silben bzw. Wörter lesen und schreiben

• Fibel/Fibel Fö: S. 18/19
• Ich-Heft A1: S. 50–55

1 👁 ✏️

L ---	m ---	M ---
u	i	e
a	u	i
e	o	u

2 🐦 👁

La   mu   Lu   li   Le   Mu

Mu   la   Li   lu   mu   le

Oma

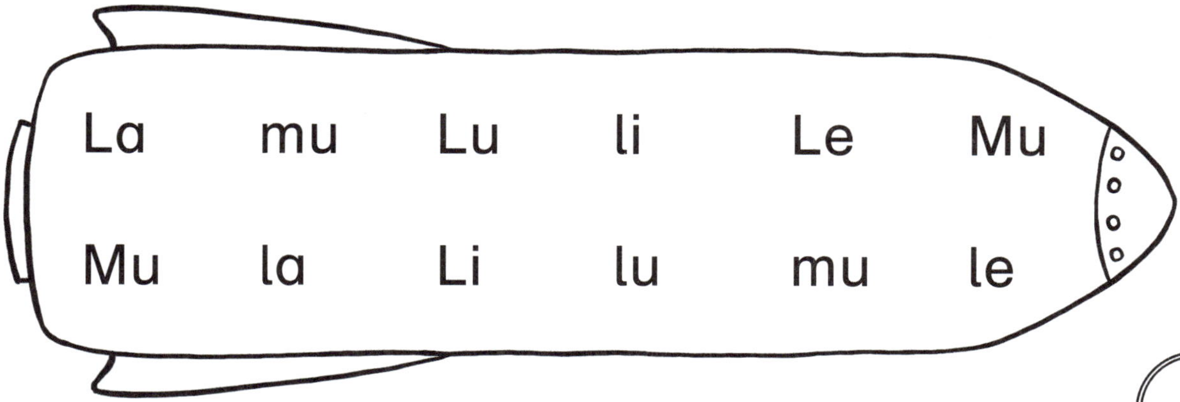

3 🐦 ✏️

• Ole
• Oma

• Ela
• Emu

• Lulu
• Limo

4 👂 ✏️

i   u   a

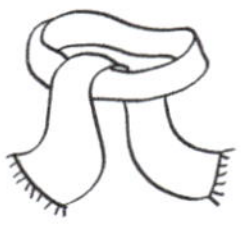

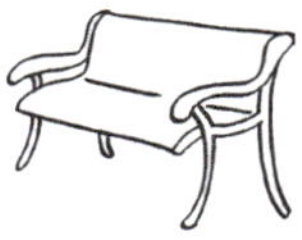

• Fibel/Fibel Fö: S. 18/19
• Ich-Heft A1: S. 50–55

1: mit stilisierter Leserutsche die Lautsynthese anwenden, Silben lesen; **2:** Silbenarbeit (mit Silbenbögen lesen und Piloten markieren): Silben mehrmals lesen, um Leseflüssigkeit zu steigern; **3:** Wörter lesen (Silbenarbeit) und mit dem passenden Bild verbinden; **4:** Wörter sprechen, Vokale heraushören und mit passendem Piloten verbinden

43

1

2

3

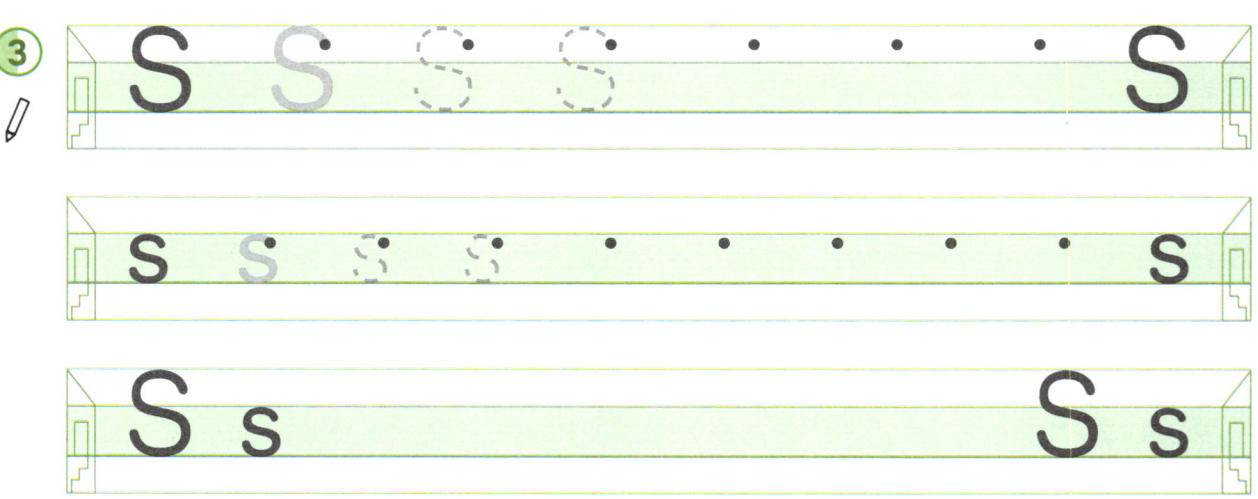

1: Wörter zu den Minibildern über QR-Code anhören; Wörter in Silben schwingen und sprechen; Lautgebärde anwenden, Wörter mit S s finden und einkreisen; Schreibbewegung nachspuren; **Diff.**: siehe hinten im Heft; **2**: S s nachspuren; **3**: S s nachspuren und schreiben

- Fibel/Fibel Fö: S. 20/21
- Ich-Heft A1: S. 56–65

1

U S T O S F H S K P X J Z S

m s r s t z n s x u i h s o l

2

Su

sa

Susa

3

• Fibel/Fibel Fö: S. 20/21
• Ich-Heft A1: S. 56–65

1: S s einkreisen; **Diff.:** verstecktes Wort finden; **2:** Wörter und Silben mit S s schreiben und lesen; Silbenarbeit beim Schreiben (mit Silbenbögen lesen und Piloten markieren); **3:** Silbentraining: Wörter in Silben schwingen, Silbenbögen mitsprechend setzen

45

1

2

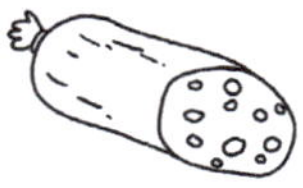

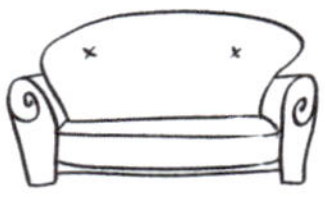

3

1: Wörter in Silben sprechen, verbinden, in welcher Silbe S s zu hören ist;
2: Wörter in Silben sprechen, ankreuzen, in welcher Silbe S s zu hören ist;
3: mit Lautgebärden die Lautsynthese anwenden, Silben bzw. Wörter lesen und schreiben

• Fibel/Fibel Fö: S. 20/21
• Ich-Heft A1: S. 56–65

1

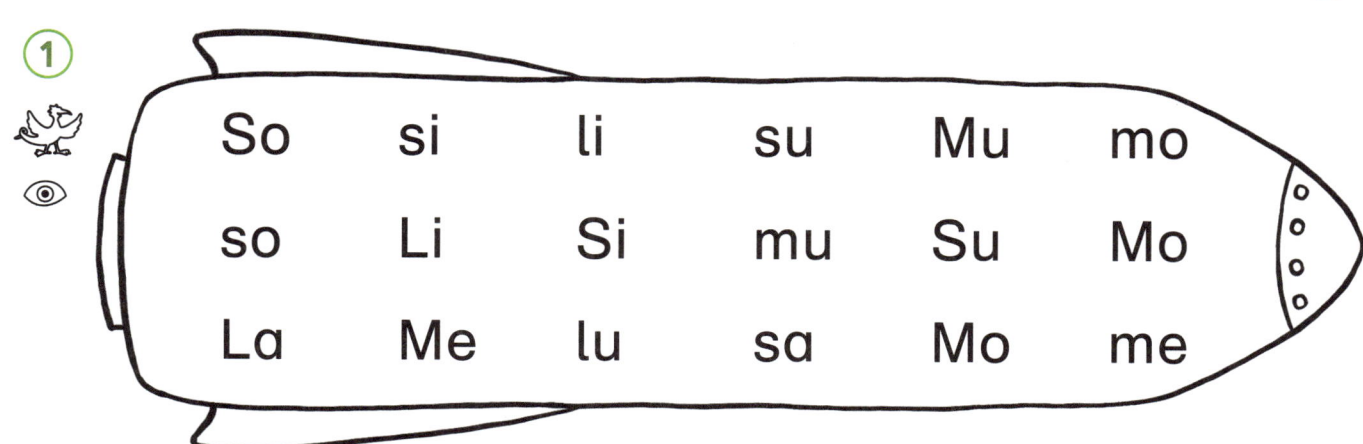

So	si	li	su	Mu	mo
so	Li	Si	mu	Su	Mo
La	Me	lu	sa	Mo	me

2

- Lese
- Lose

- Susa
- Samu

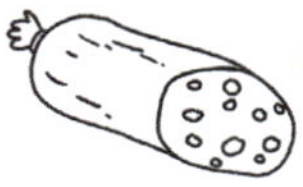

- Salome
- Salami

- Susi
- Samu

3

Sal ▢ mi

▢ ma

l ▢ la

D ▢ se

Salom ▢

N ▢ se

Susa

• Fibel/Fibel Fö: S. 20/21
• Ich-Heft A1: S. 56–65

1: Silbenarbeit (mit Silbenbögen lesen und Piloten markieren): Silben mehrmals lesen, um Leseflüssigkeit zu steigern; **2:** Wörter lesen (Silbenarbeit) und mit dem passenden Bild verbinden; **3:** Wörter sprechen und schwingen; fehlende Piloten ergänzen; Silbenbögen setzen

In jeder Silbe ist ein Pilot

1

u

2

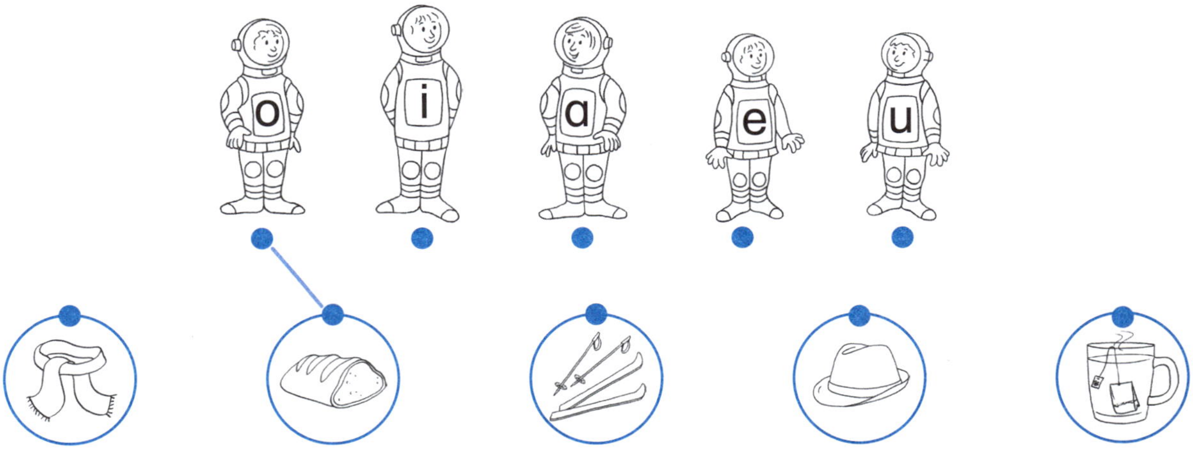

o   i   a   e   u

3

Ali   L se

Lam   Em

4

O le   li la   O ma   Sa la mi

48

1: Wörter sprechen und schwingen, Piloten eintragen; 2: Wörter sprechen, Vokale heraus-
hören und mit passendem Piloten verbinden; 3: Wörter sprechen und schwingen; fehlende
Piloten ergänzen; Silbenbögen setzen; 4: Piloten markieren, danach mit Silbenbögen lesen

• Fibel/Fibel Fö: S. 22/23
• Ich-Heft A1: S. 66–69

1

```
[                    ]   [                    ]   [                    ]
```

😊 🙁

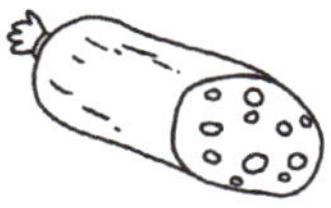

2

👂 L l

👂 E e

```
⌣   ⌣        ⌣   ⌣
```

😊 🙂

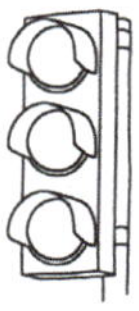

3

L   E   S

         a   u

😊 🙁

4

• Lima
• Lama

• Emu
• Ela

😊 🙁

• Fibel/Fibel Fö: am Ende von Kapitel 2   Inhalte aus den Bereichen Sprache untersuchen und Schreiben wiederholen; Lernerfolg selbst einschätzen; über Lernen sprechen; Lernerfahrungen reflektieren

49

1

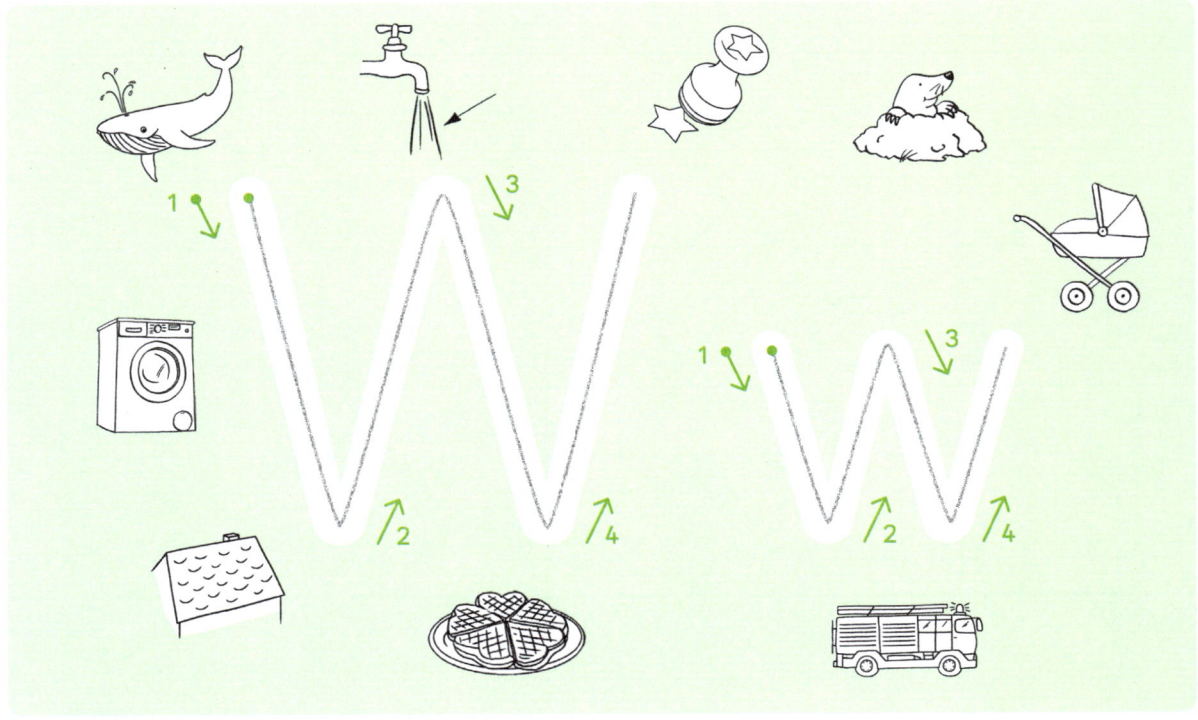

2

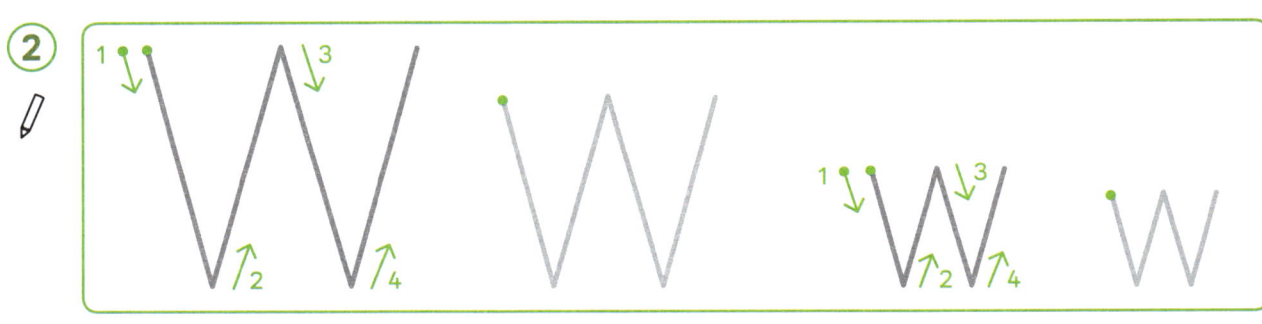

3

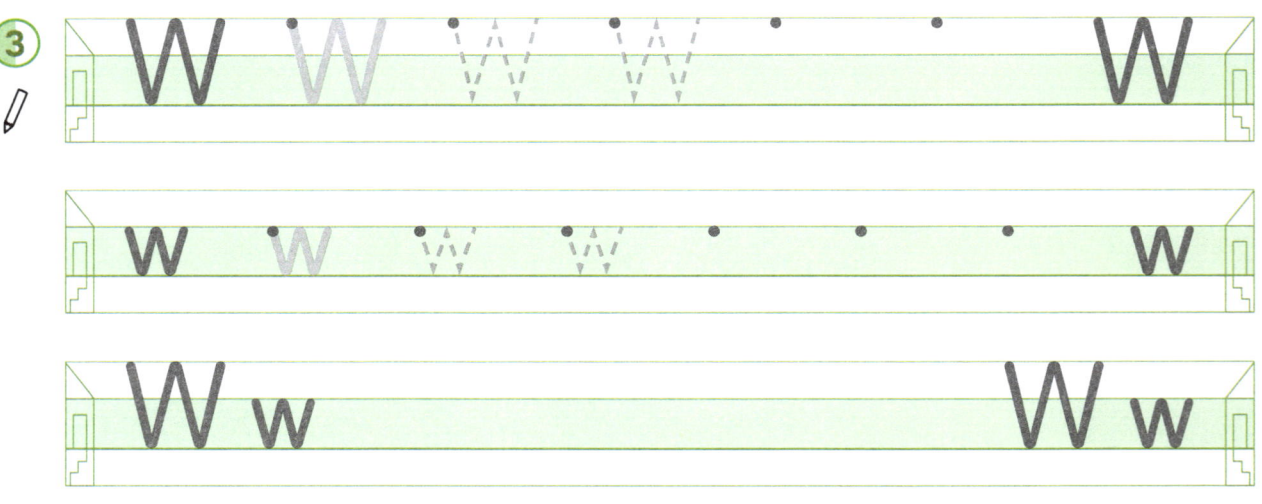

1: Wörter zu den Minibildern über QR-Code anhören; Wörter in Silben schwingen und sprechen; Lautgebärde anwenden, Wörter mit W w finden und einkreisen; Schreibbewegung nachspuren; **Diff.:** siehe hinten im Heft; **2:** W w nachspuren; **3:** W w nachspuren und schreiben

• Fibel/Fibel Fö: S. 24/25
• Ich-Heft A1: S. 70–77

1

ZWTWWEISWFWOTWGI
wasWalekawwUwehw

2

Wale

wo

was

3

[cloud]	[waffles]	[fire truck]

[washing machine]	[faucet]	[baby carriage]

[whale]	[lion]	[mole]

• Fibel/Fibel Fö: S. 24/25
• Ich-Heft A1: S. 70–77

1: W w einkreisen; **Diff.**: versteckte Wörter finden; **2**: Wörter mit W w schreiben und lesen;
Silbenarbeit beim Schreiben (mit Silbenbögen lesen und Piloten markieren);
3: Silbentraining: Wörter in Silben schwingen, Silbenbögen mitsprechend setzen
(bei Doppelkonsonanz auf Aussprache der Konsonanten in beiden Silben achten)

51

1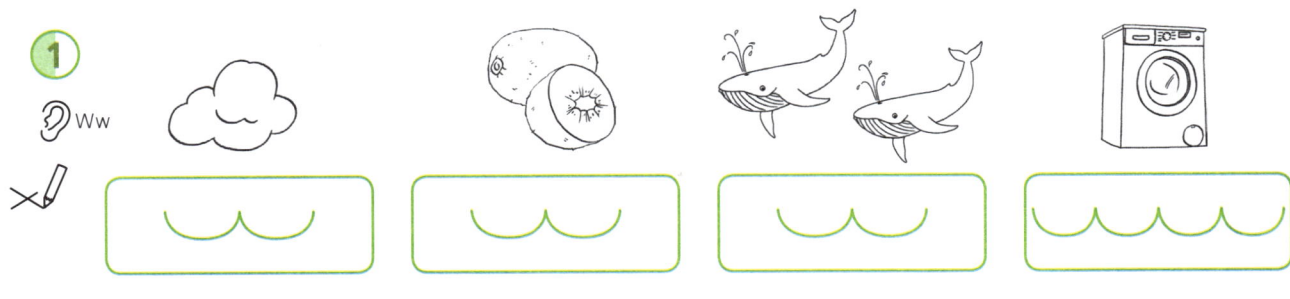

2

W- - - o
     i
     a

W   e
     u
     o

S   a
     u
     e

3

wo	Wa	we	wu	Wa	Wi
wa	We	wi	Wu	Wo	wa
am	im	ma	sa	wo	mi

4

1: Wörter in Silben sprechen, ankreuzen in welcher Silbe W w zu hören ist; 2: mit stilisierter Leserutsche die Lautsynthese anwenden, Silben lesen; 3: Silbenarbeit (mit Silbenbögen lesen und Piloten markieren): Silben mehrmals lesen und verbinden; 4: mit Lautgebärden die Lautsynthese anwenden, Wörter lesen und schreiben

• Fibel/Fibel Fö: S. 24/25
• Ich-Heft A1: S. 70–77

1

Lo • • wa
     • se

U • • ni
    • we

Wa • • le
      • so

Li • • mo
     • wi

2

| Wale | Mawa | Lilo |
| Oma | Emu | Ali |

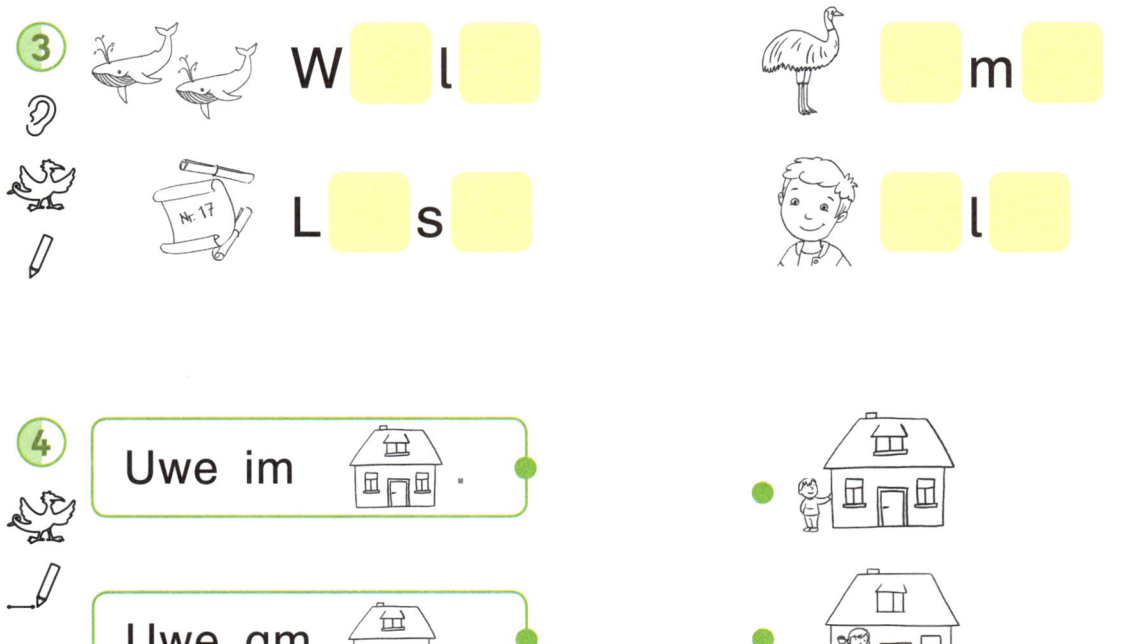

Lose

3

W ☐ l ☐

☐ m ☐

L ☐ s ☐

☐ l ☐

4

Uwe im 🏠 . •

• 🏠

Uwe am 🏠 . •

• 🏠

• Fibel/Fibel Fö: S. 24/25
• Ich-Heft A1: S. 70–77

1: Silbenarbeit; Silben passend zum Bild verbinden; 2: Silbenarbeit; zu den Bildern passende Wörter einkreisen; 3: Wörter sprechen und schwingen; fehlende Piloten ergänzen; Silbenbögen setzen; 4: Silbenarbeit; Sätze mit Präposition lesen und mit dem passenden Bild verbinden

 # R r

1

2

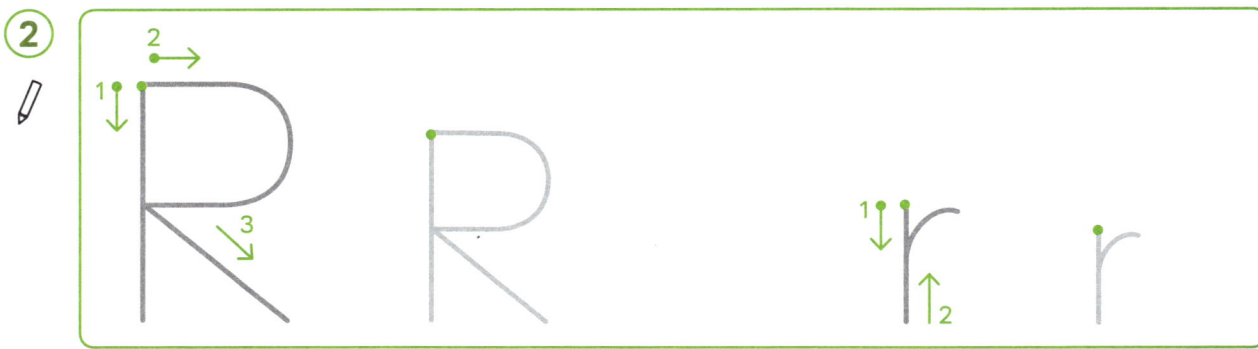

3

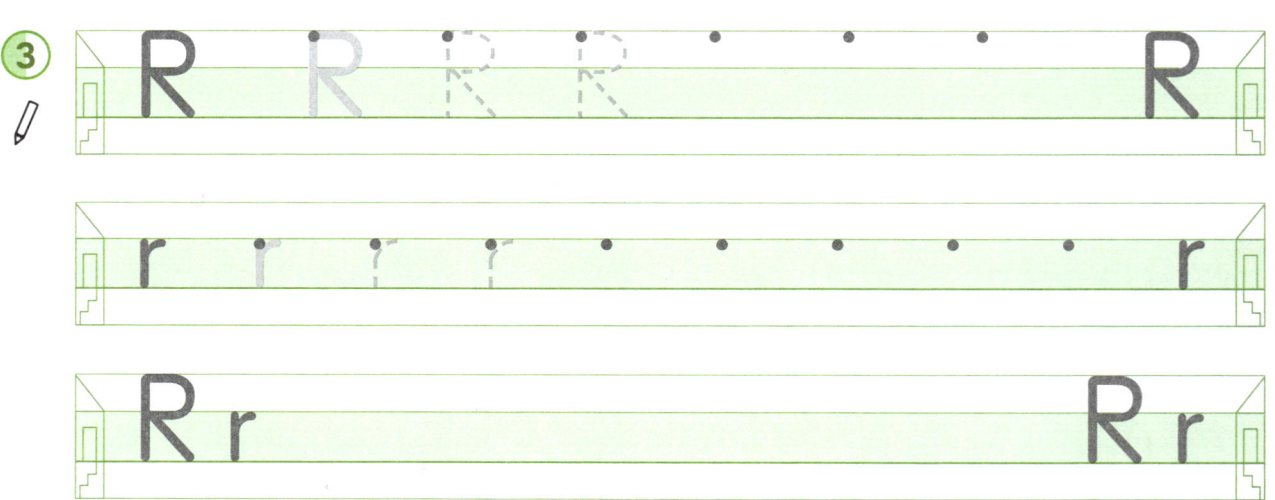

1: Wörter zu den Minibildern über QR-Code anhören; Wörter in Silben schwingen und sprechen; Lautgebärde anwenden, Wörter mit R r finden und einkreisen; Schreibbewegung nachspuren; **Diff.:** siehe hinten im Heft; **2:** R r nachspuren; **3:** R r nachspuren und schreiben

• Fibel/Fibel Fö: S. 26/27
• Ich-Heft A1: S. 78–83

1

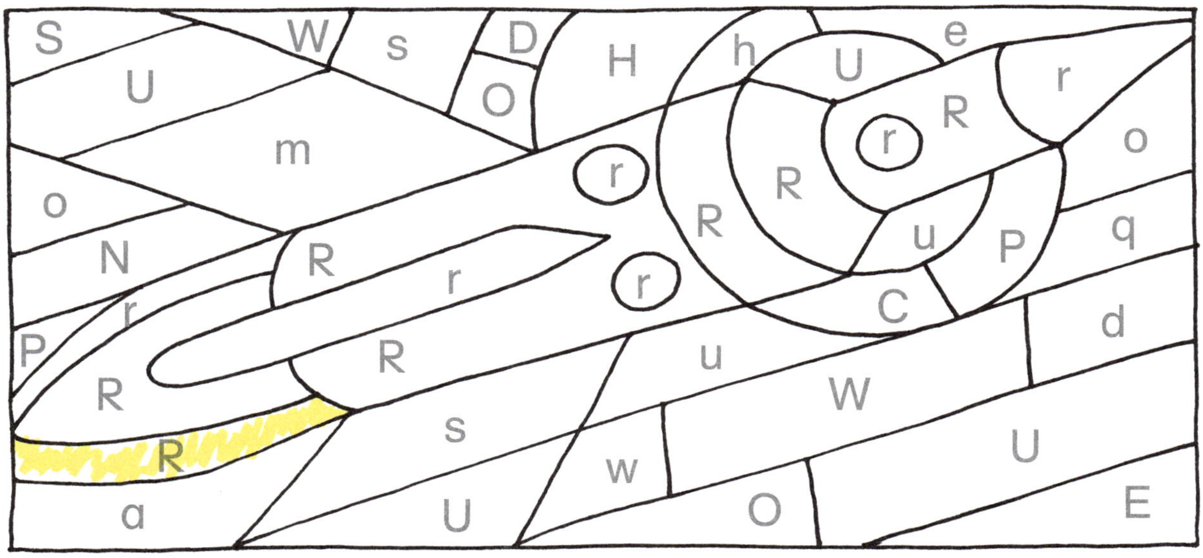

S	W	s	D	H	h	U	e
U		O				R	r
	m				r	R	
o				R	R	r	o
N	R	r		R		u	P	q
r			R			C		d
P	R			u			
R	s			W		U
a	U	w	O		E

2

Rose

rosa

3

O		R		L
	m		w	

4

(Ohren) (Rakete) (Giraffe)

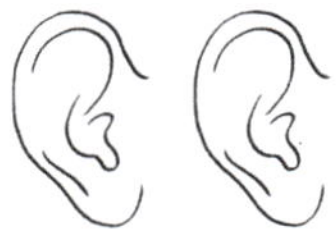

• Fibel/Fibel Fö: S. 26/27
• Ich-Heft A1: S. 78–83

1: Felder mit R r anmalen; **2:** Wörter mit R r schreiben und lesen; Silbenarbeit beim Schreiben; **3:** Groß- und Kleinbuchstaben zuordnen und schreiben; **4:** Silbentraining: Wörter in Silben schwingen, Silbenbögen mitsprechend setzen

55

1
🦻 Rr
✏️

2
👁️
✏️

R - - - - → o
      i
      a

    r
    a
    u
    e

    w
    a
    e
    o

3
👁️
✏️
🕊️

4
👁️
✏️

(ich)   (ist)   ihr   ich

ich   ihr   ist   mit

mit   ich   ihr   ist

1: Wörter in Silben sprechen, ankreuzen in welcher Silbe R r zu hören ist; **2:** mit stilisierter Leserutsche die Lautsynthese anwenden, Silben lesen; **3:** mit Lautgebärden die Lautsynthese anwenden, Wörter lesen und schreiben; **4:** Ganzwörter *ich* und *ist* einkreisen

• Fibel/Fibel Fö: S. 26/27
• Ich-Heft A1: S. 78–83

1

Sa   • mu   • ra

Ro   • se   • lu

La   • wo   • ra

2

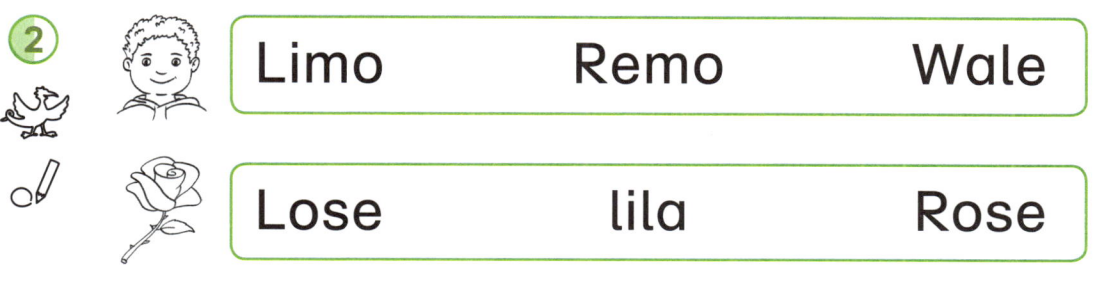

Limo   Remo   Wale

Lose   lila   Rose

Remo

3

R ☐ s ☐

S ☐ m ☐ r ☐

L ☐ m ☐

W ☐ l ☐

4

Remo ist im 🏠.

Samara ist am 🌳.

• Fibel/Fibel Fö: S. 26/27
• Ich-Heft A1: S. 78–83

1: Silben passend zum Bild verbinden; **2:** Silbenarbeit; zu den Bildern passende Wörter einkreisen; **3:** Wörter sprechen und schwingen; fehlende Piloten ergänzen; Silbenbögen setzen; **4:** Sätze mit Präposition lesen und Bild passend ergänzen; Silbenarbeit

1

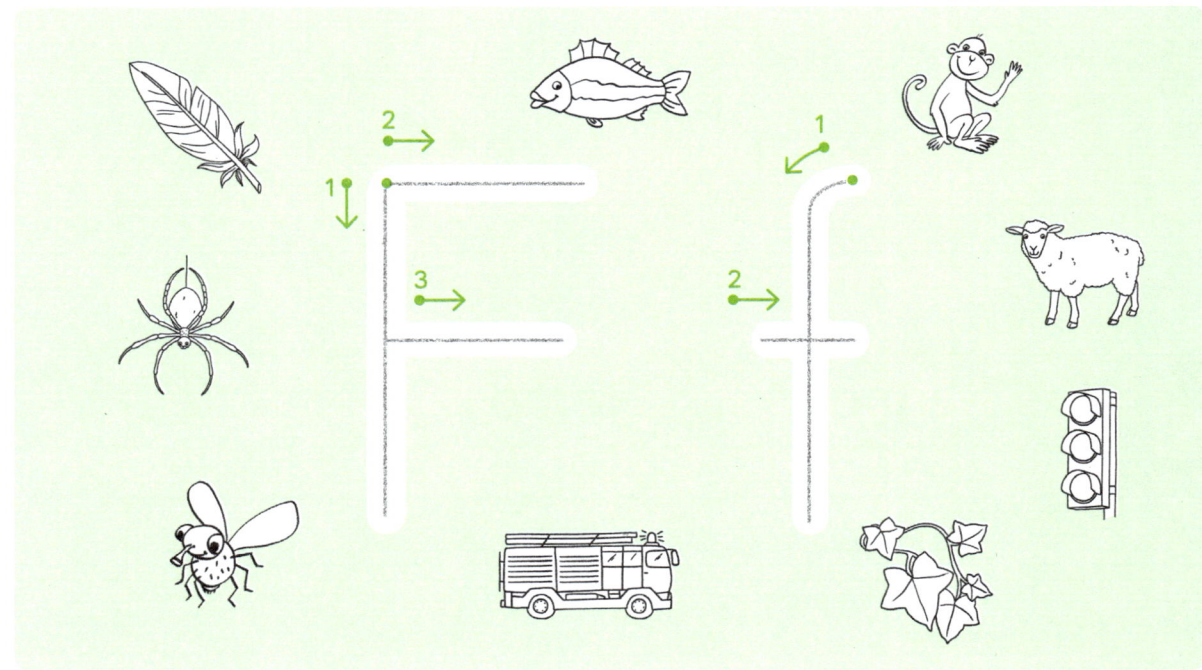

2

3

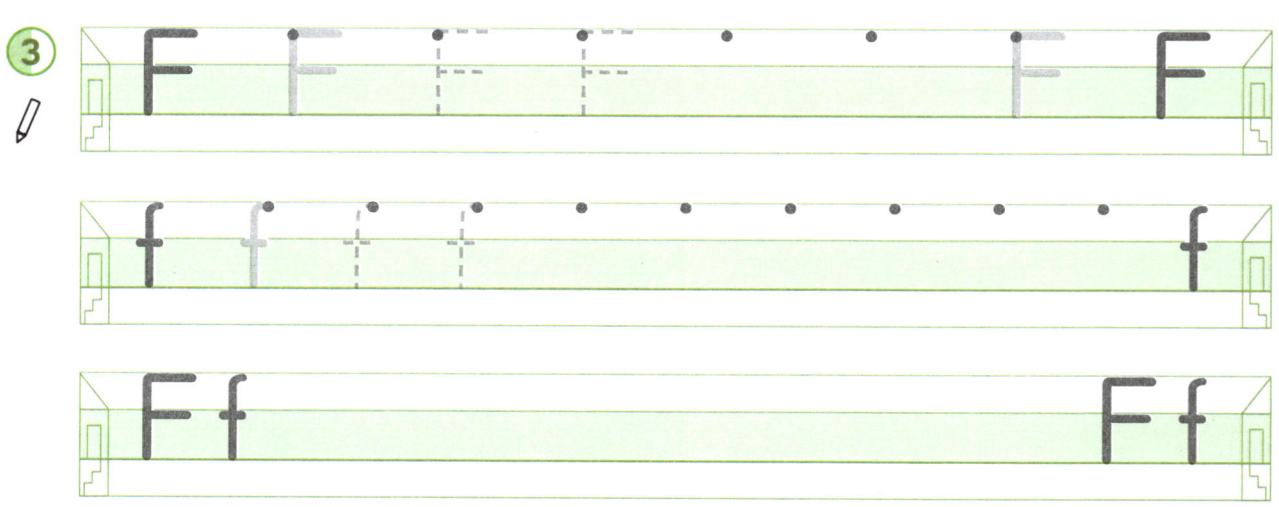

1: Wörter zu den Minibildern über QR-Code anhören; Wörter in Silben schwingen und sprechen; Lautgebärde anwenden, Wörter mit F f finden und einkreisen; Schreibbewegung nachspuren; **Diff.:** siehe hinten im Heft; **2:** F f nachspuren; **3:** F f nachspuren und schreiben

• Fibel/Fibel Fö: S. 28/29
• Ich-Heft A1: S. 86–91

1

O	g	X	m	n	a	u	X
F	f	F	r	O	n	X	L
L	r	f	R	w	W	U	n
R	a	f	f	F	f	g	a
r	H	X	h	e	f	F	F
X	h	n	H	n	w	f	a

2

Faro

rufe

3

W		R		F
	S		f	

4

• Fibel/Fibel Fö: S. 28/29
• Ich-Heft A1: S. 86–91

1: Felder mit F f anmalen; **2:** Wörter mit F f schreiben und lesen; Silbenarbeit beim Schreiben; **3:** Groß- und Kleinbuchstaben zuordnen und schreiben; **4:** Silbentraining: Wörter in Silben schwingen, Silbenbögen mitsprechend setzen

59

1 👂 Ff ✂🖊

2 👁 🖊

F - - - - ⟶
   o
   i
   a

f
u
e
o

R
a
i
u

3 👁 🖊 🐦

4 👁 🖊

um   im   am

1: Wörter in Silben sprechen, ankreuzen in welcher Silbe F f zu hören ist; **2:** mit stilisierter Leserutsche die Lautsynthese anwenden, Silben lesen; **3:** mit Lautgebärden die Lautsynthese anwenden, Wörter lesen und schreiben; **4:** Bilder betrachten, passendes Wort schreiben

• Fibel/Fibel Fö: S. 28/29
• Ich-Heft A1: S. 86–91

1

| F f | F f oder W w? | W w |

| F ⃝ | W |

| F | W |

| F | W |

| F | W |

| f | w |

| f | w |

| f | w |

| f | w |

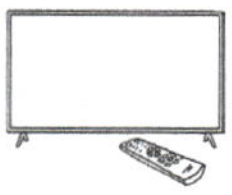

2

U • • fe
      • fo

Mo • • fa
       • fu

Rafael

3

Rafa el ist am Mofa. •

Wasili ist am Sofa. •

Faro ist im Ufo. •

•

•

•

• Fibel/Fibel Fö: S. 28/29
• Ich-Heft A1: S. 86–91

1: Wörter sprechen, mit den Lautgebärden überprüfen; den richtigen Buchstaben einkreisen; **2:** Silben passend zum Bild verbinden; **3:** Silbenarbeit; Sätze mit passendem Bild verbinden; **Diff.:** Sätze können in das Heft abgeschrieben werden

1

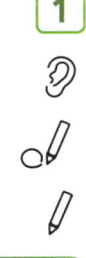

2

3

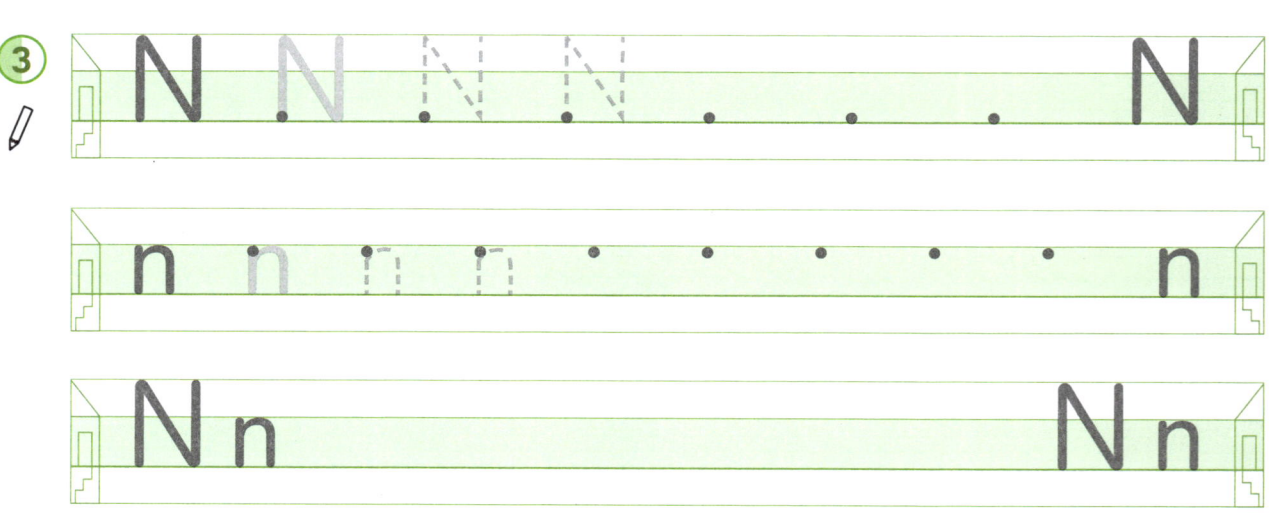

1: Wörter zu den Minibildern über QR-Code anhören; Wörter in Silben schwingen und sprechen; Lautgebärde anwenden, Wörter mit N n finden und einkreisen; Schreibbewegung nachspuren; **Diff.**: siehe hinten im Heft; **2**: N n nachspuren; **3**: N n nachspuren und schreiben

• Fibel/Fibel Fö: S. 30/31
• Ich-Heft A2: S. 4–7 und
  S. 10–13

1

NBPKNAELNZSDTNBN

asnunkonlNenastp

2

Name

nun

3

S	F		N	
		l		n

4

• Fibel/Fibel Fö: S. 30/31
• Ich-Heft A2: S. 4–7 und
  S. 10–13

1: N n einkreisen; **Diff.:** versteckte Wörter finden; **2:** Wörter mit N n schreiben und lesen;
Silbenarbeit beim Schreiben; **3:** Groß- und Kleinbuchstaben zuordnen und schreiben;
4: Silbentraining: Wörter in Silben schwingen, Silbenbögen mitsprechend setzen

63

1

2 N ‐ ‐ ‐ ‐   n   F

      o   a   e

      i   u   i

      a   o   u

3
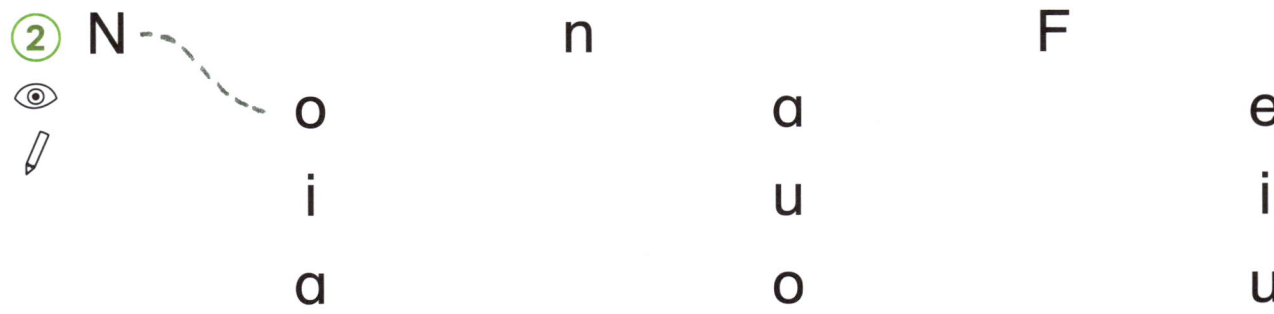

4

an	im	(an)	am	um	an	in	an
in	im	in	mi	in	ne	in	im

ist	ihr	ist	ins	ist	als	ist	ums
und	und	nun	und	uns	und	nur	um

1: Wörter in Silben sprechen, ankreuzen in welcher Silbe N n zu hören ist; 2: mit stilisierter
Leserutsche die Lautsynthese anwenden, Silben lesen; 3: mit Lautgebärden die Lautsynthe-
se anwenden, Wörter lesen und schreiben; 4: Ganzwörter/Häufigkeitswörter mit Partnerkind
mehrfach lesen und einkreisen

• Fibel/Fibel Fö: S. 30/31
• Ich-Heft A2: S. 4–7 und
  S. 10–13

1

Na •   • se
        • so

Nase

O •   • fun
        • fen

E •   • ser
        • sel

Ma •   • ler
        • lu

Esel

2

| malen | rufen | rasen |

| lesen | losen | malen |

3 Salome und Nena malen.

Salome und Nena malen rosa.

Salome und Nena malen lila.

• Fibel/Fibel Fö: S. 30/31
• Ich-Heft A2: S. 4–7 und
  S. 10–13

1: Silben passend zum Bild verbinden und Wort schreiben; Silbenarbeit;
2: Silbenarbeit; zu den Bildern passende Wörter einkreisen;
3: Sätze lesen und passend malen; Silbenarbeit; **Diff.:** Sätze können in das Heft abgeschrieben werden

65

Geschlossene Silben

1

was	nur	nun	wir	wer
nun	was	wer	nur	wir

was

2

Nun mal los!

Wir rufen Faro.

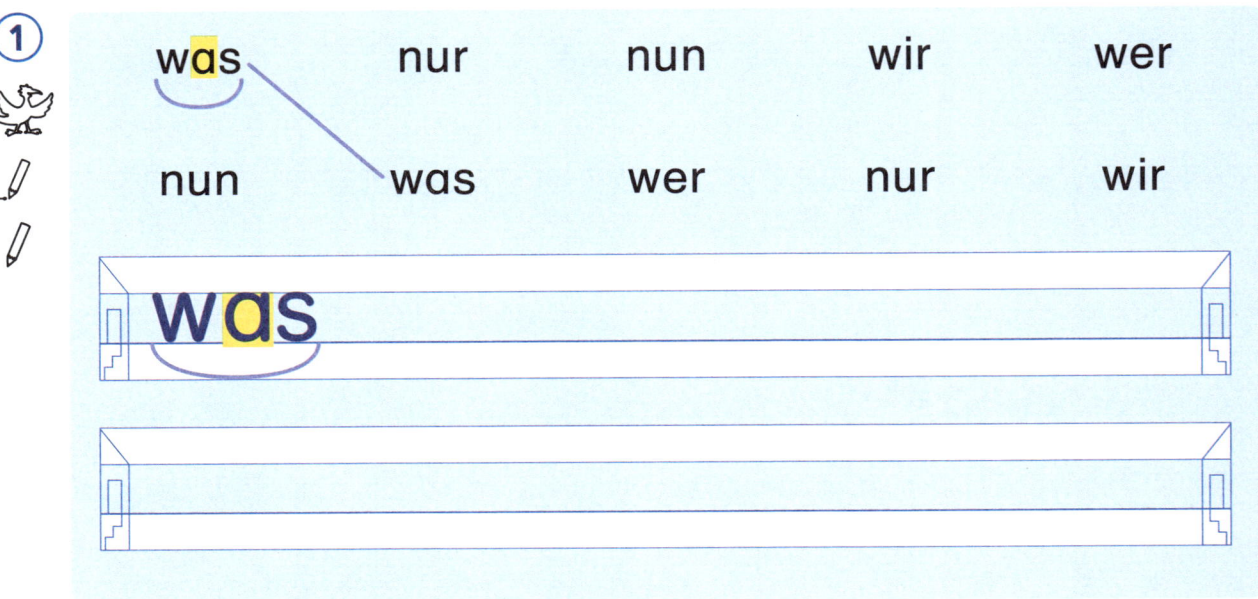

3

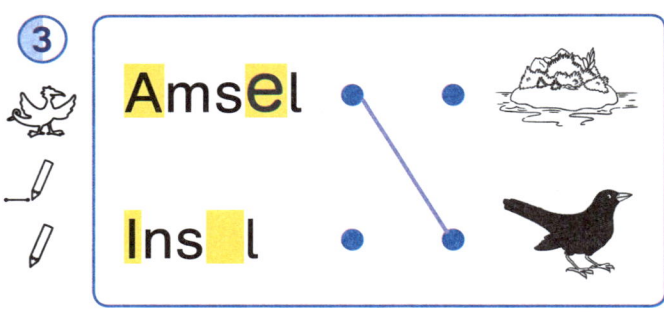

Amsel

Insel

Esel

Murmel

wir rasen

wir rufen

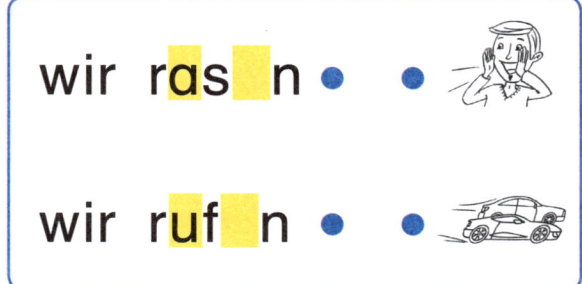

wir malen

wir losen

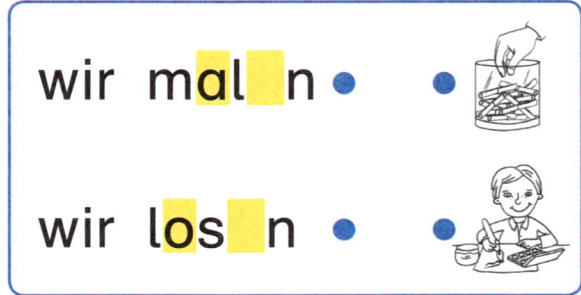

1: Wörter lesen und verbinden, abschreiben; Silbenarbeit;
2: Silbenarbeit (mit Silbenbögen lesen und Piloten markieren);
3: das e in den Wörtern ergänzen und mit passendem Bild verbinden

• Fibel/Fibel Fö: S. 32/33
• Ich-Heft A2: S. 8–9

1

R r

N n

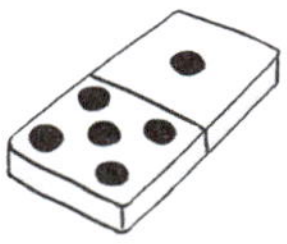

⌣⌣   ⌣⌣⌣   ⌣⌣   ⌣

😃 😐

2

F	W
F	W
f	w
f	w

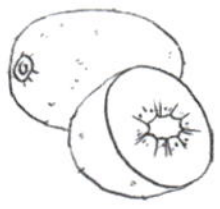

😃 😐

3

Am •   • ser
        • sel

Ma •   • ler
        • sel

ru •   • fel
        • fen

le •   • sen
        • fen

😃 😐

• Fibel/Fibel Fö: am Ende von Kapitel 3

Inhalte aus den Bereichen Sprache untersuchen und Schreiben wiederholen; Lernerfolg selbst einschätzen; über Lernen sprechen; Lernerfahrungen reflektieren

67

1

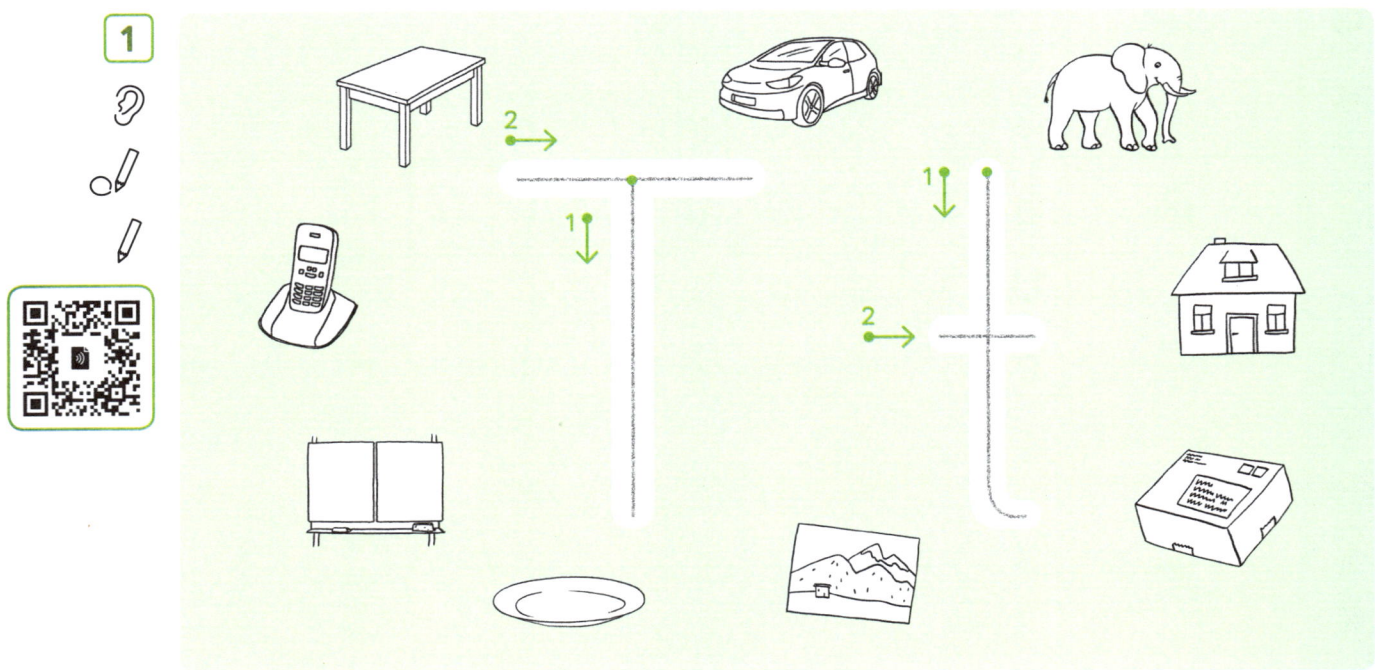

2

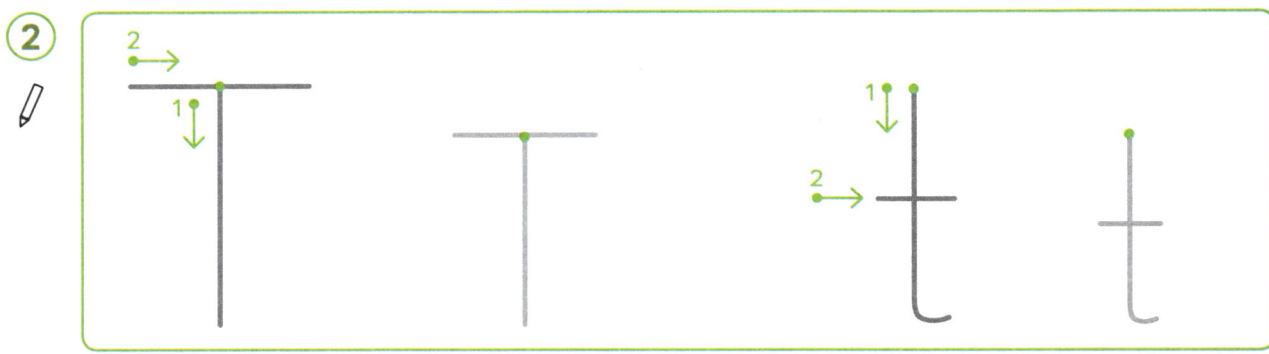

3

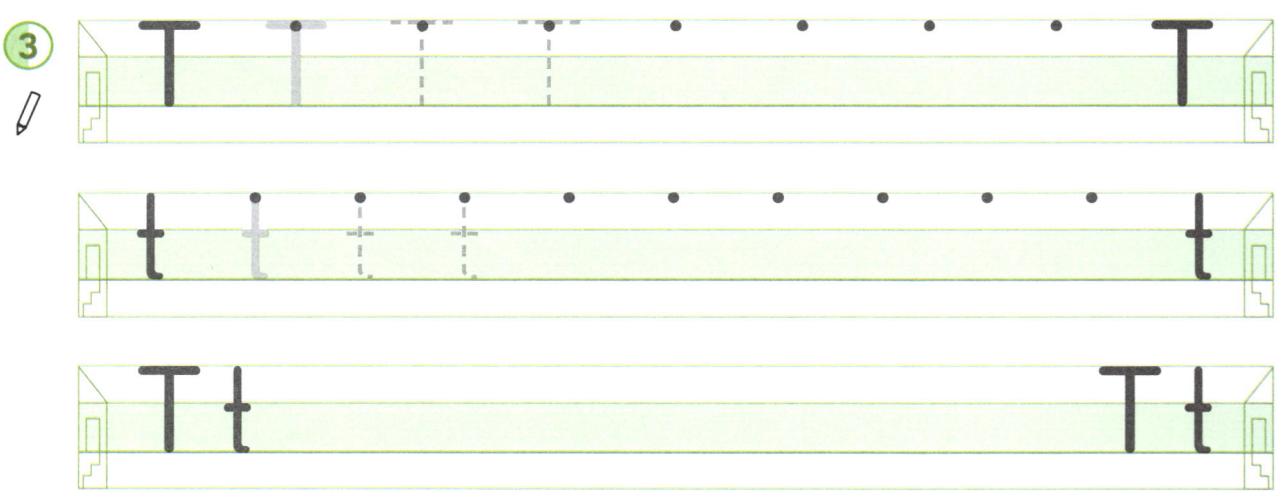

1: Wörter zu den Minibildern über QR-Code anhören; Wörter in Silben schwingen und sprechen; Lautgebärde anwenden, Wörter mit T t finden und einkreisen; Schreibbewegung nachspuren; **Diff.:** siehe hinten im Heft; **2:** T t nachspuren; **3:** T t nachspuren und schreiben

- Fibel/Fibel Fö: S. 34/35
- Ich-Heft A2: S. 14–21

1

T	t	t	s	a	T	t	t
o	U	T	a	s	t	E	T
m	a	t	s	E	t	T	s
a	T	T	U	u	s	t	U
U	t	s	u	t	T	T	o
o	T	t	T	T	a	n	n

2

Tor

raten

Tomate

3

• Fibel/Fibel Fö: S. 34/35
• Ich-Heft A2: S. 14–21

1: Felder mit T t anmalen;
2: Wörter mit T t schreiben und lesen; Silbenarbeit beim Schreiben;
3: Silbentraining: Wörter in Silben schwingen, Silbenbögen mitsprechend setzen

69

1

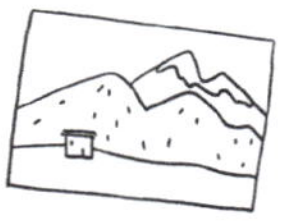

2 T — — — → t n
o a a
i u e
a e o

3

4

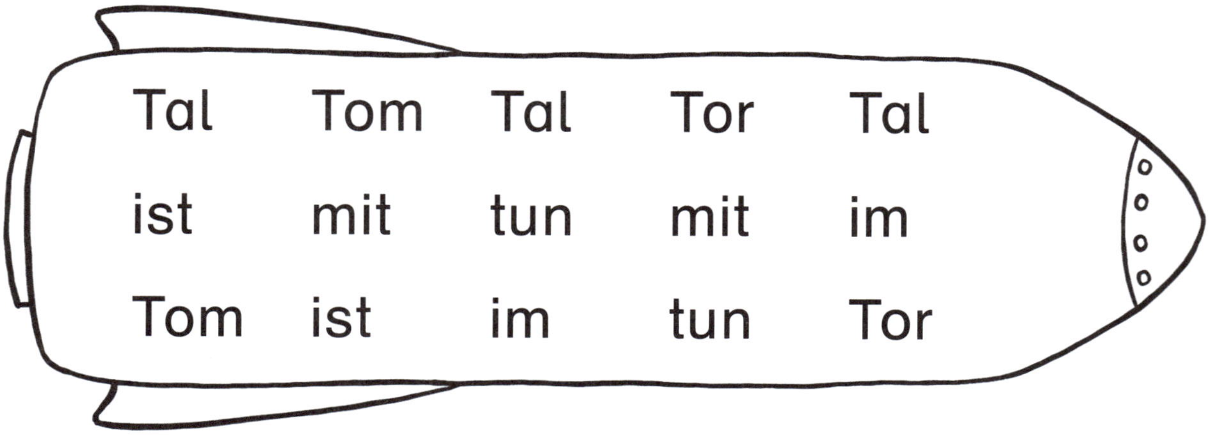

Tal	Tom	Tal	Tor	Tal
ist	mit	tun	mit	im
Tom	ist	im	tun	Tor

1: Wörter in Silben sprechen, ankreuzen in welcher Silbe T t zu hören ist; **2:** mit stilisierter Leserutsche die Lautsynthese anwenden, Silben lesen; **3:** mit Lautgebärden die Lautsynthese anwenden, Wörter lesen und schreiben; **4:** Wörter mehrmals lesen und gleiche Wörter farbig einkreisen; Silbenarbeit

• Fibel/Fibel Fö: S. 34/35
• Ich-Heft A2: S. 14–21

1

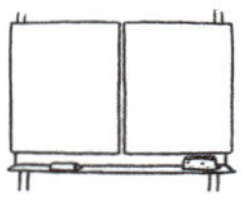

Ta •
• fol
• fel

Tor •
• te
• tu

2

Sofa   Telefon   Ufo

Tim ist am _____.

Mattis ist im _____.

Toto ist am _____.

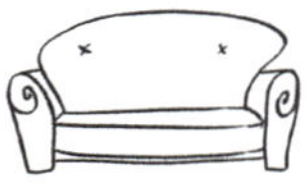

3

Ente

_____

_____

Torte

• Fibel/Fibel Fö: S. 34/35
• Ich-Heft A2: S. 14–21

1: Silben passend zum Bild verbinden und Wort schreiben; **2**: Silbenarbeit; passendes Wort ergänzen; **Diff.**: Sätze können in das Heft abgeschrieben werden; **3**: Silbenarbeit; zu den Bildern passende Wörter schreiben

71

1

Tasse	Sofa	Waffel
Otter	Teller	Salat

Ritter

Tasse

2

Affe

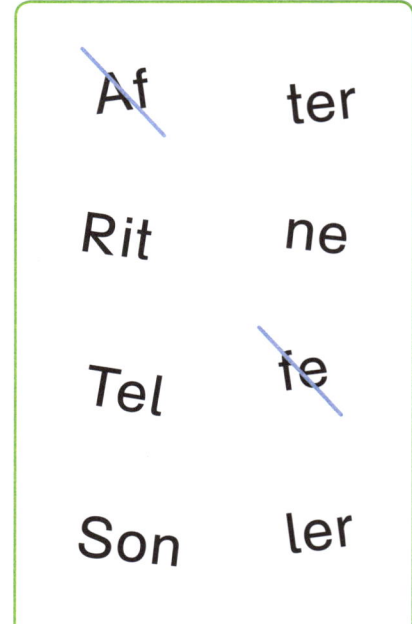

~~Af~~	ter
Rit	ne
Tel	~~te~~
Son	ler

3

Tasse	Tonne	Teller
Watte	Waffel	Wetter

1: Silbenarbeit (bei Doppelkonsonanz auf Aussprache der Konsonanten in beiden Silben achten); Doppelkonsonanten einkreisen, Wörter mit Doppelkonsonanten abschreiben;
2: Silben lesen, zu den Bildern passende Wörter schreiben, Silbenarbeit; 3: Silbenarbeit; zu den Bildern passende Wörter einkreisen

• Fibel/Fibel Fö: S. 34/35
• Ich-Heft A2: S. 14–21

1

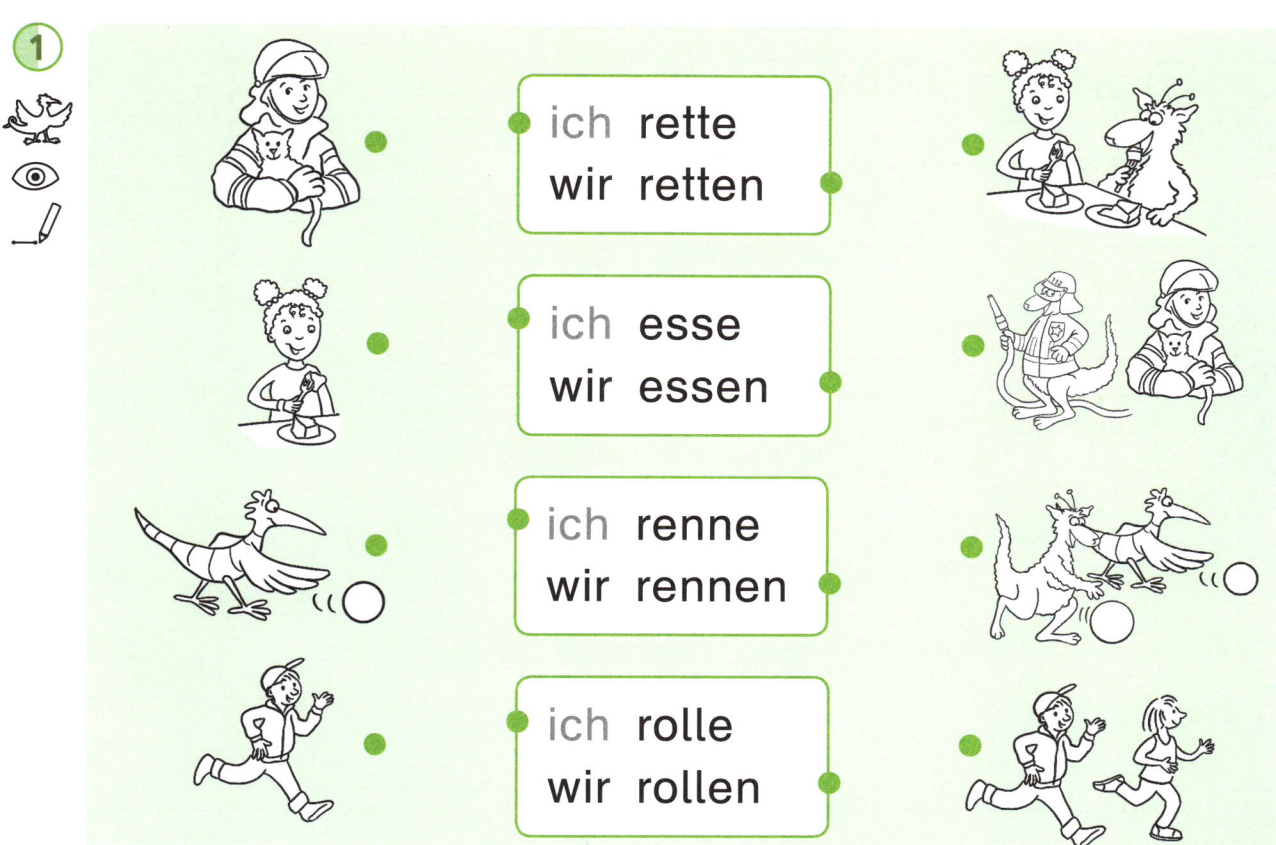

ich rette
wir retten

ich esse
wir essen

ich renne
wir rennen

ich rolle
wir rollen

2

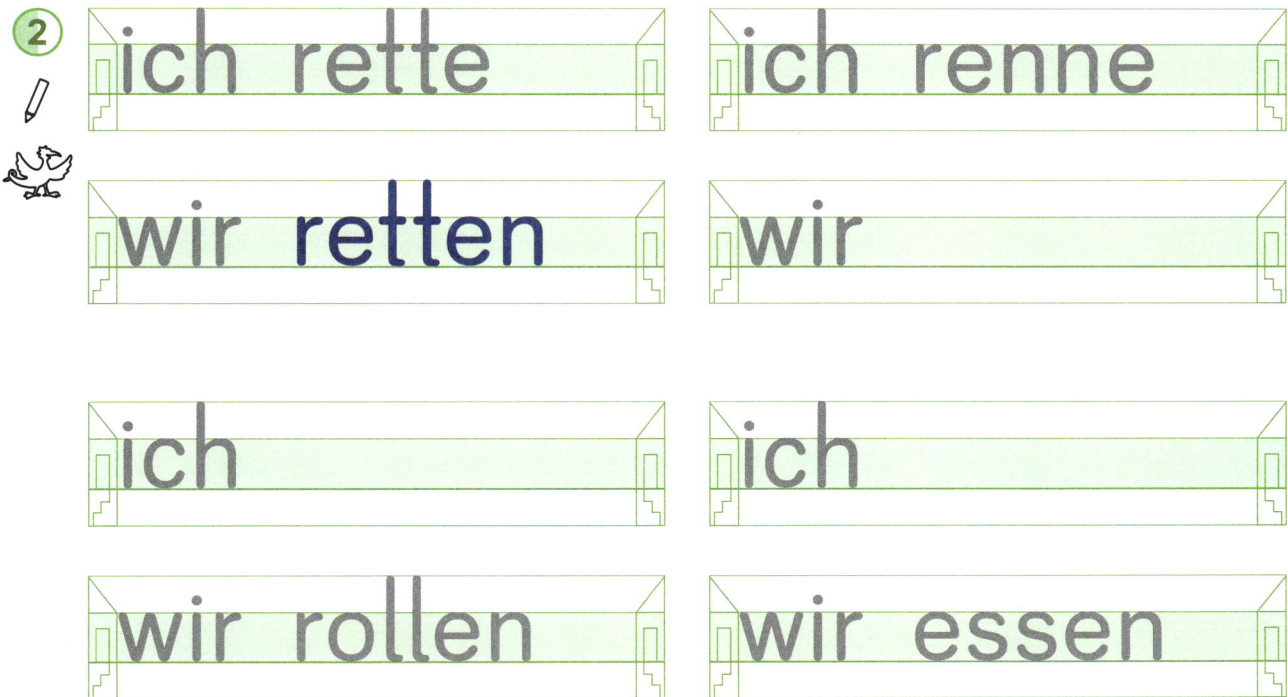

ich rette — ich renne

wir retten — wir

ich — ich

wir rollen — wir essen

1

2

3

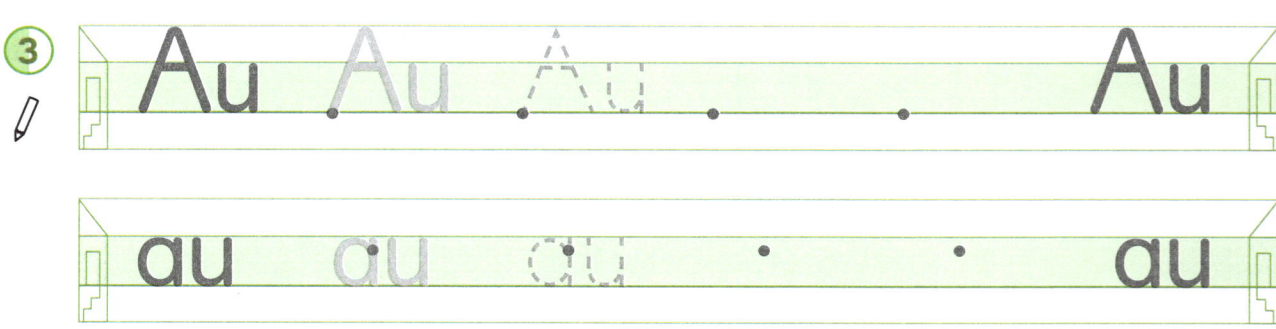

1: Wörter zu den Minibildern über QR-Code anhören; Wörter in Silben schwingen und sprechen; Lautgebärde anwenden, Wörter mit Au au finden und einkreisen; Schreibbewegung nachspuren; **Diff.:** siehe hinten im Heft; **2:** Au au nachspuren; **3:** Au au nachspuren und schreiben

• Fibel/Fibel Fö: S. 36/37
• Ich-Heft A2: S. 22–27

1	Au	O o F u (Au) E u A a U o Au Au A s E i Au A o E u
	au	i a s au s a i e au o e o au e a s e i au e e a

Au au	aus Maus Salat auf raus Automat ins
Au au	laufen Affe laut malen raufen Ali Auto

2

Auto

laut

aus

3

• Fibel/Fibel Fö: S. 36/37
• Ich-Heft A2: S. 22–27

1: Au au einkreisen: **Diff.:** Wörter lesen;
2: Wörter mit Au au schreiben und lesen; Silbenarbeit beim Schreiben;
3: Silbentraining: Wörter in Silben schwingen, Silbenbögen mitsprechend setzen

75

1
👂 Au au

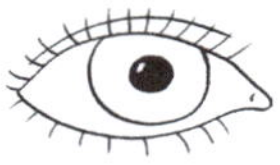

✏️

| ⌣⌣ | ⌣⌣ | ⌣⌣⌣ | ⌣⌣ |

2
👁
✏️

T- - -a	t	R
a	i	au
e	au	o
au	u	a

3
👁
✏️
🐦

4
👁
🖊️
🐦

auf	aus	raus	rauf	laut	lauf
raus	laut	auf	lauf	aus	rauf

76 1: Wörter in Silben sprechen, ankreuzen in welcher Silbe Au au zu hören ist; 2: mit stilisierter
Leserutsche die Lautsynthese anwenden, Silben lesen; 3: mit Lautgebärden die Lautsynthese
anwenden, Wörter lesen und schreiben; 4: Wörter mehrmals lesen und gleiche Wörter farbig
einkreisen; Silbenarbeit
• Fibel/Fibel Fö, S. 36/37
• Ich-Heft A2: S. 22–27

1

Au • • la
  • to

sau • • sen
  • men

2

ich laufe

ich

wir

wir sausen

Rote Ufos sausen!

3

Mauer	Maus	Maler

lausen	raufen	laufen

4

☐ Wir raufen auf Matten.
☐ Wir laufen an Matten.

• Fibel/Fibel Fö: S. 36/37
• Ich-Heft A2: S. 22–27

1: Silben passend zum Bild verbinden und Wort schreiben; **2:** passende Verbform bilden;
3: Silbenarbeit; zu den Bildern passende Wörter einkreisen; **4:** Silbenarbeit; passenden
Satz ankreuzen; **Diff.:** Sätze können in das Heft abgeschrieben werden

77

Ei ei

1

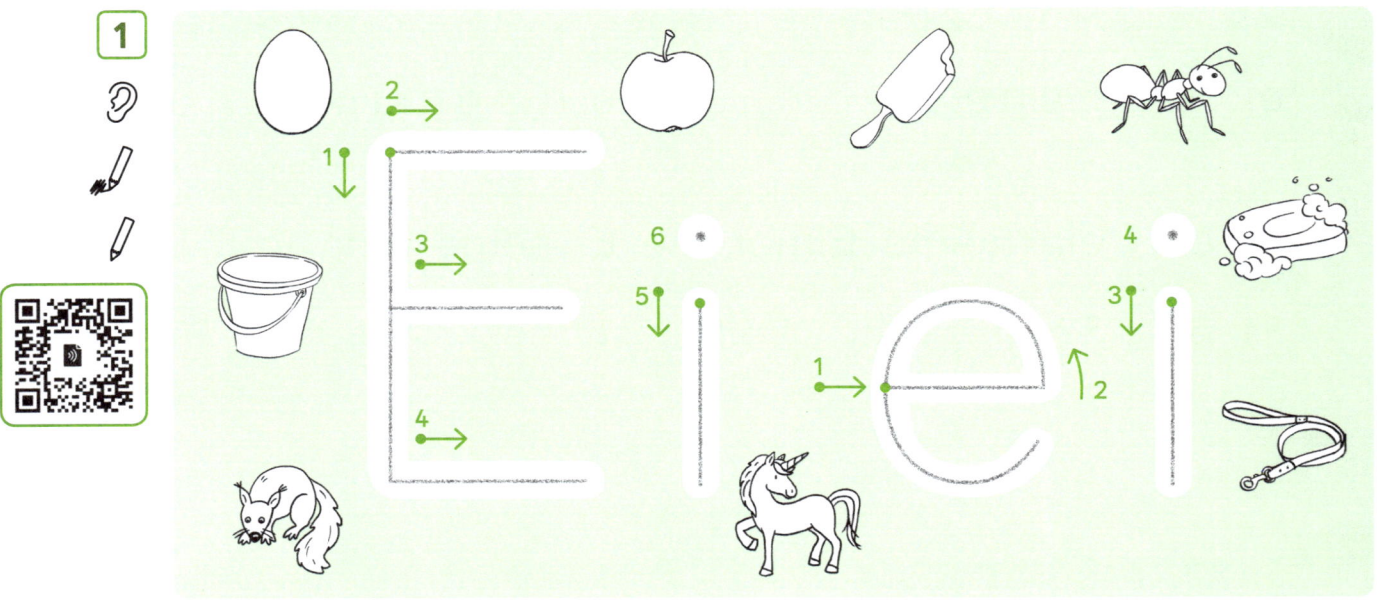

2

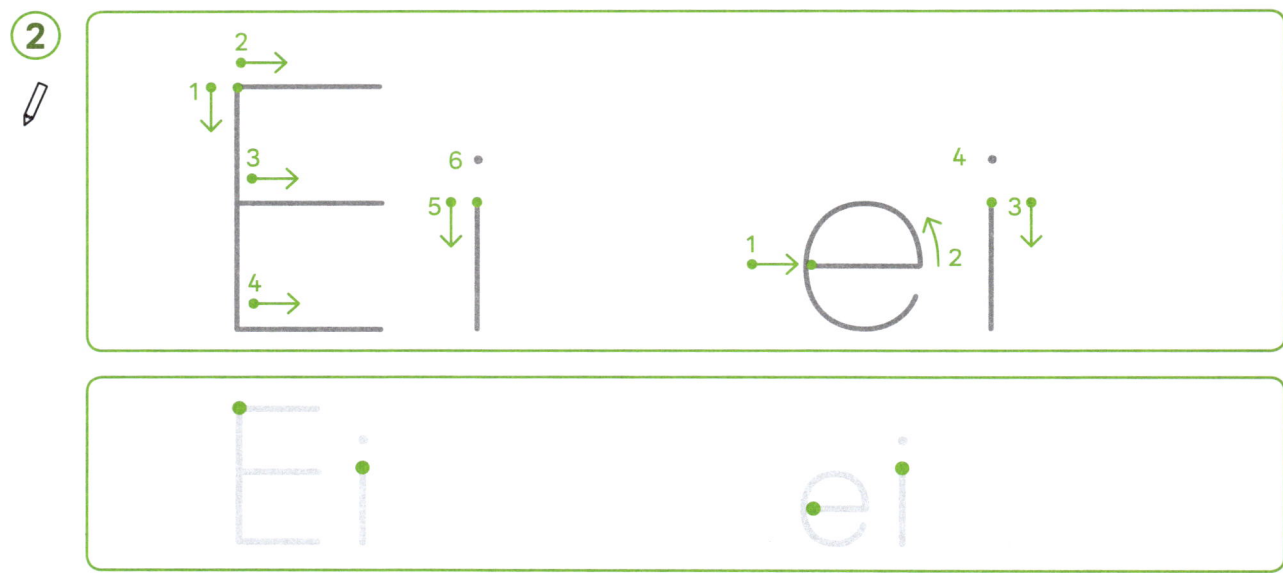

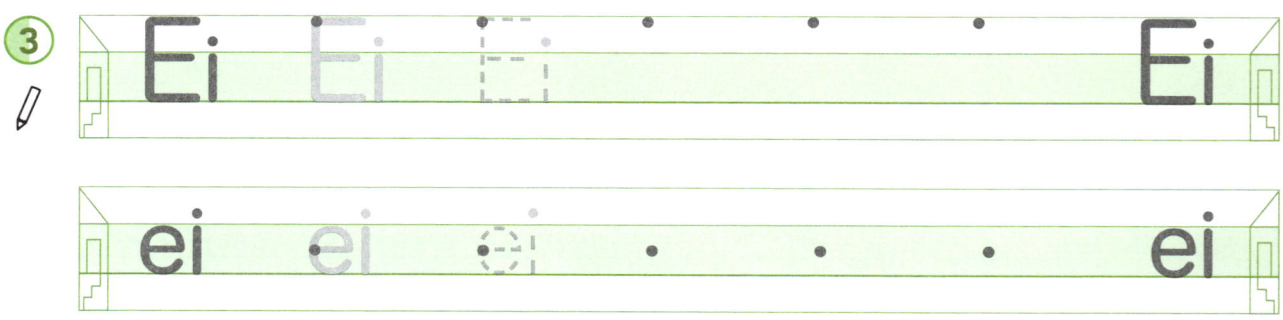

3

1: Wörter zu den Minibildern über QR-Code anhören; Wörter in Silben schwingen und sprechen; Lautgebärde anwenden, Wörter mit Ei ei finden und einkreisen; Schreibbewegung nachspuren; **Diff.:** siehe hinten im Heft; **2:** Ei ei nachspuren; **3:** Ei ei nachspuren und schreiben

• Fibel/Fibel Fö: S. 38/39
• Ich-Heft A2: S. 28–33

①

Ei	O i l r Ei O l i E M e Ei L i A ei Ei T e Ei T i A
ei	h e n ei m e a ei h s e n ei h s e a ei m e a n ei h

Ei ei	ein meine Eimer nie Ei seine nein laut Eis
Ei ei	Seife weil Leiter Maler Ameise Eier

②

Eimer

weil

nein

③

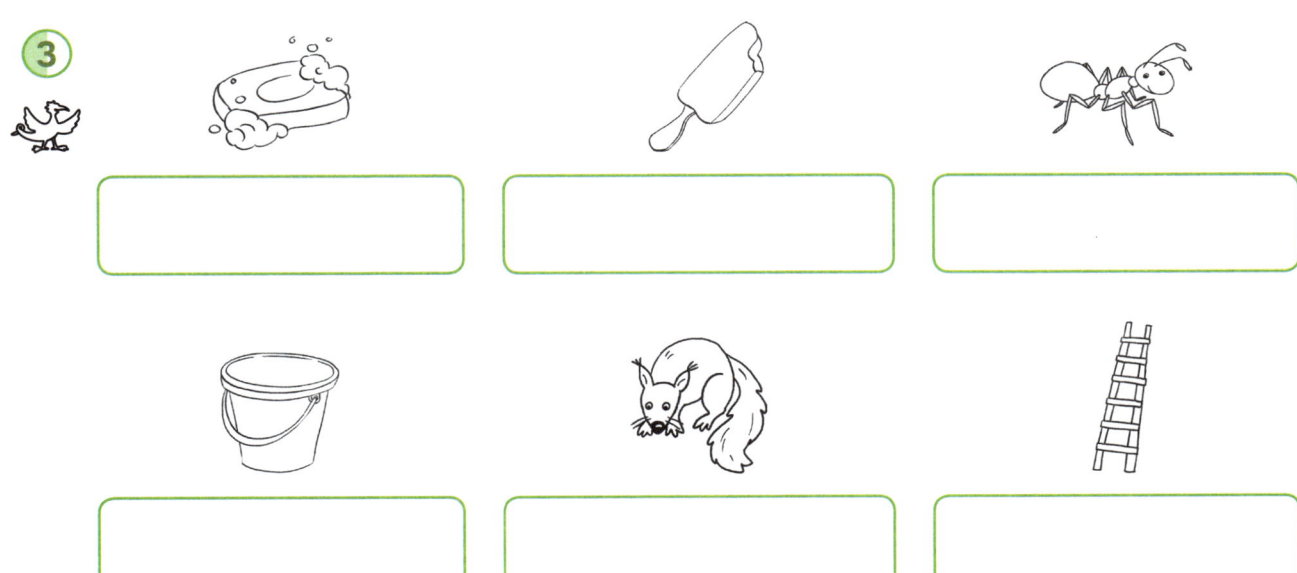

• Fibel/Fibel Fö: S. 38/39
• Ich-Heft A2: S. 28–33

1: Ei ei einkreisen: **Diff.:** Wörter lesen;
2: Wörter mit Ei ei schreiben und lesen; Silbenarbeit beim Schreiben;
3: Silbentraining: Wörter in Silben schwingen, Silbenbögen mitsprechend setzen

1 👂 Ei ei

✂️

2 👁 ✏️

T ⌁⌁⌁ a   s   f

a   ei   au

ei   i   a

au   e   ei

3 👁 ✏️ 🐦

4 👁 ✏️

mein	mein	nein	mien	nein	neim	weim
	mein	nien	mein	wein	main	mein
eine	nein	nie	eine	ein	mein	eine
	eine	meine	einer	eine	meinen	nie

1: Wörter in Silben sprechen, ankreuzen in welcher Silbe Ei ei zu hören ist; **2:** mit stilisierter Leserutsche die Lautsynthese anwenden, Silben lesen; **3:** mit Lautgebärden die Lautsynthese anwenden, Wörter lesen und schreiben; **4:** Ganzwörter/Häufigkeitswörter mit Partnerkind mehrfach lesen und einkreisen

• Fibel/Fibel Fö: S. 38/39
• Ich-Heft A2: S. 28–33

1

Ei •   • mer
         • men

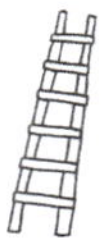

Lei •   • ten
          • ter

2

ich reise   ich

wir   wir weinen

3

reisen   rennen   reiten

Seile   Seife   Seite

Eis

4

☐ ein Reifen   ☐ eine Ameise
☐ ein Eis   ☐ eine Leiter
☐ ein Eimer   ☐ eine Leine
☐ ein Auto   ☐ eine Maus

• Fibel/Fibel Fö: S. 38/39
• Ich-Heft A2: S. 28–33

1: Silben passend zum Bild verbinden und Wort schreiben; **2:** passende Verbform bilden;
3: Silbenarbeit; zu den Bildern passende Wörter einkreisen; **4:** Silbenarbeit; Bild betrachten
und ankreuzen, was im Bild zu sehen ist

81

Doppelkonsonanten

Ritter

1 | Teller   Salat   Watte   Nase |

offen

Schwingen hilft!

Ofen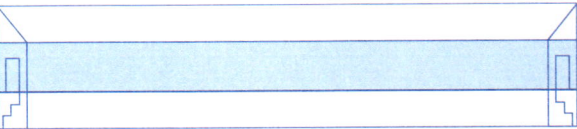

2

 | (t) | tt |

 | s | ss |

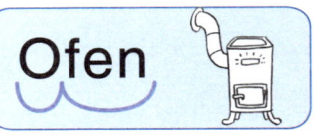 | t | tt |

| s | ss |

3

Ente

Ta__e

Ri__er

E__el

1: Silbenarbeit (bei Doppelkonsonanz auf Aussprache der Konsonanten in beiden Silben
achten); Doppelkonsonanten einkreisen, Wörter mit Doppelkonsonanten abschreiben;
2: Wörter schwingen; entscheiden, ob das Wort mit einfachem oder doppeltem Konsonant(en)
geschrieben wird; 3: einfachen oder doppelten Konsonant(en) einsetzen, Silbenarbeit

• Fibel/Fibel Fö: S. 40/41
• Ich-Heft A2: S. 34–35

1

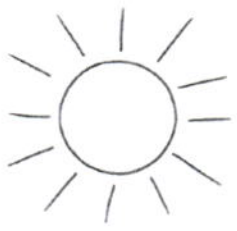

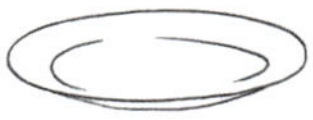

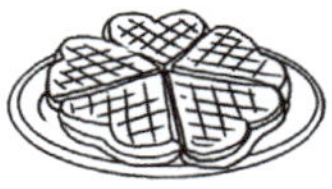

Son	ler
Tel	ne
Waf	fel

😊 😐

2

ich teile   ich

wir   wir raufen

😊 😐

3

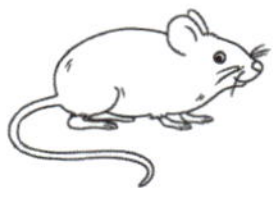

M___s   S___fe   L___ter

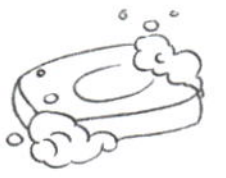

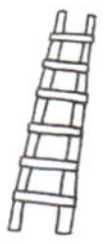

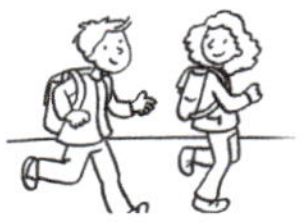

l___fen   r___ten   w___nen

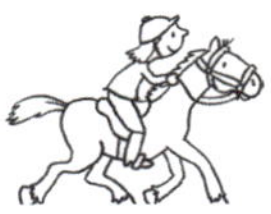

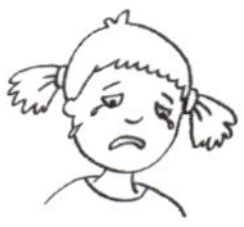

4

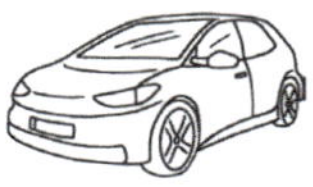

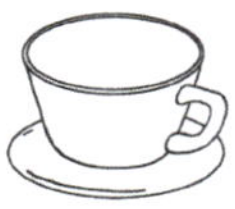

😊 😐

• Fibel/Fibel Fö: am Ende von Kapitel 4

Inhalte aus den Bereichen Sprache untersuchen und Schreiben wiederholen; Lernerfolg selbst einschätzen; über Lernen sprechen; Lernerfahrungen reflektieren

83

Inhaltsverzeichnis